Dear. WILD CHILD

Words & Photographs by Ayumu Takahashi

文／写真　高橋歩

はじめに

この本は、俺が 26 歳の頃、結婚したばかりの妻さやかとふたりで、世界を放浪しながら創った旅ノートだ。
当初は、全 5 巻、通信販売限定の作品として始まったが、ありがたいことに、多くのリクエストをもらい続けているため、この機会に、新たにデザインし直し、1 冊にまとめることになった。
1 語 1 語をじっくり煮詰めることなく、旅をしながらのフィーリングを、その場で直感的、本能的にザクザクと書き込んだ旅ノートなので、粗さはあると想うが、その分、純度は高いかもしれない。

LOVE&FREE　～愛する人と自由な人生を～
そんな気持ちがいっぱいに詰まった旅ノート。
楽しんでもらえたら嬉しいです。

2011.4.5 高橋 歩

LOVE & FREE

Written by Ayumu Takahashi
Design by Minoru Takahashi
Published by Sanctuary Books
Printed in Japan
Life is a Journey with Love & Free.

LOVE & FREE
Written by Ayumu Takahashi
Design by Minoru Takahashi
Published by Sanctuary Books
Printed in Japan
Life is a Journey with Love & Free.

LOVE & FREE
Written by Ayumu Takahashi
Design by Minoru Takahashi
Published by Sanctuary Books
Printed in Japan
Life is a Journey with Love & Free.

LOVE & FREE
Written by Ayumu Takahashi
Design by Minoru Takahashi
Published by Sanctuary Books
Printed in Japan
Life is a Journey with Love & Free.

LOVE & FREE
Written by Ayumu Takahashi
Design by Minoru Takahashi
Published by Sanctuary Books
Printed in Japan
Life is a Journey with Love & Free

LOVE & FREE
Written by Ayumu Takahashi
Design by Minoru Takahashi
Published by Sanctuary Books
Printed in Japan
Life is a Journey with Love & Free.

LOVE & FREE
Written by Ayumu Takahashi
Design by Minoru Takahashi
Published by Sanctuary Books
Printed in Japan
Life is a Journey with Love & Free.

LOVE & FREE
Written by Ayumu Takahashi
Design by Minoru Takahashi
Published by Sanctuary Books
Printed in Japan
Life is a Journey with Love & Free.

LOVE & FREE
Written by Ayumu Takahashi
Design by Minoru Takahashi
Published by Sanctuary Books
Printed in Japan
Life is a Journey with Love & Free.

LOVE & FREE
Written by Ayumu Takahashi
Design by Minoru Takahashi
Published by Sanctuary Books
Printed in Japan
Life is a Journey with Love & Free

LOVE & FREE
Written by Ayumu Takahashi
Design by Minoru Takahashi
Published by Sanctuary Books
Printed in Japan
Life is a Journey with Love & Free

LOVE & FREE
Written by Ayumu Takahashi
Design by Minoru Takahashi
Published by Sanctuary Books
Printed in Japan
Life is a Journey with Love & Free

LOVE & FREE
Written by Ayumu Takahashi
Design by Minoru Takahashi
Published by Sanctuary Books
Printed in Japan
Life is a Journey with Love & Free.

LOVE & FREE
Written by Ayumu Takahashi
Design by Minoru Takahashi
Published by Sanctuary Books
Printed in Japan
Life is a Journey with Love & Free.

LOVE & FREE
Written by Ayumu Takahashi
Design by Minoru Takahashi
Published by Sanctuary Books
Printed in Japan
Life is a Journey with Love & Free

Contents

Vol.1 "OPEN"
Australia, Antarctica
Dear.
WILD CHILD
WORDS & PHOTOGRAPHS BY AYUMU TAKAHASHI / PUBLISHED BY FACTORY A-WORKS

PROLOGUE

1998年11月20日。オレは愛するサヤカと結婚した。
そして、その3日後、オレたちふたりはすべての肩書きをリセットし、ヒッピーになり、バッグひとつを背負って世界全土を放浪する旅に出掛けた。

出発する前にふたりで世界地図を広げ、なんとなく描いたコースはこんな感じ。

＜一学期＞まずは車でオーストラリアを一周し、南極にも寄っちゃう。バリ島でたっぷり遊んだ後、マレー鉄道で東南アジアをゆっくり楽しんで、ガンジス川のインド、ヒマラヤのネパール、ダライラマのいるチベット、とりあえず食べたい中国、遊牧民のモンゴルと渡り、シベリア鉄道でモスクワへ！
＜二学期＞フィンランドのサンタクロース村からはじまって全ヨーロッパをのんびり巡り、スペインから船でアフリカ大陸のモロッコへ。砂漠やサバンナでキャンプしながら南アフリカの喜望峰までひたすら南へ！
＜三学期＞アルゼンチンから南米大陸、カリブ海を巡りロスからバイクをぶっ飛ばしてアメリカ一周。そしてカナダ、アラスカ、北極圏までひたすら北へ！
ハワイに寄って日本に帰り、最後は日本一周！

そんな長い永い旅の途中、胸に溢れた想いを書き殴った文章と、「いいじゃん！」って感じた場面を撮った写真、ふにゃふにゃと描いたラクガキなどをまとめてみようって本が、この「DEAR.WILD CHILD」なんだ。

まぁ、そんなわけで、記念すべきVol. 1は、旅のスタートである「オーストラリア大陸」編。途中で寄った南極も含んでいる。約3ヶ月をかけ、サヤカとふたりでオーストラリア大陸を一周したときのオモイを贈る。

サァ　イッショニ　ジンセイヲ　アソボウゼ！

ROUTE&MEMORY
AUSTRALIA, ANTARCTICA

ROUTE&MEMORY*** AUSTRALIA, ANTARCTICA

1. AUSTRALIA *Cairns

グレートバリアリーフへの玄関シティ。「JAPANESE JOHN LENNON」と称し、地元ライブハウスのステージへ飛び入り参加し、「STAND BY ME」を熱唱。

2. AUSTRALIA *Bedarra Island

南太平洋に浮かぶ秘島。世界の VIP がお忍びで訪れるという超高級リゾート。
友人タクミさんとのプレミアビデオ収録にて。

3. AUSTRALIA *Surfer's Paradise

東海岸ゴールド・コーストの中心。開放感と透明感のあるハッピーな黄金の砂浜。
サーフィン三昧の日々。

4. AUSTRALIA *Burleigh Heads

カリスマ的サーフィン映画「エンドレス・サマー」の撮影地。おんぼろクルマにサーフボードと犬を積んで旅をするイカれたおやじたちのファンキーさに惚れる。

5. AUSTRALIA *Byron Bay

ヒッピーとサーファーと芸術家の集う小さな村。フルデザインされたカフェやバー。
ヒッピー達と戯れる。

6. AUSTRALIA *Sydney

オーストラリア唯一の都市らしい都市。素敵な公園が多く、港の夜景も横浜以上。オーストラリアンサラリーマンの仕事っぷりを覗いたり、ストリートパフォーマー達と遊ぶ。

7. AUSTRALIA *Melbourne

知識欲を刺激される歴史を感じる街。美術館、博物館、古い教会、牢獄などを巡り、読書に耽る。鐘の音とともに、西暦 1999 年を迎える。

8. AUSTRALIA *Adelaide

食欲を刺激される小さな街。市場でフルーツを喰ったり、「オイスター・バー」で生カキを喰いまくる。

9. AUSTRALIA *Alice Springs

アボリジニがウジャウジャいる村。平均気温 40 度、アボリジニの民族楽器ディジュリドゥの音が村中に響く。タオルを頭に巻いて歩いていたらアボリジニに爆笑される。

10. AUSTRALIA *Uluru

アボリジニの聖地であるエアーズロック。オーストラリア大陸の中央に位置し、レッドセンターと呼ばれる赤土の荒野。空一面を焦がす圧倒的な朝焼けに鳥肌が立つ。

11. AUSTRALIA *The Olgas

「風の谷のナウシカ」のモデルになったと言われている風の谷。数万年もの歳月をかけて風によって創られた奇妙なカタチの岩々の間を歩き、神々が住む空気を感じる。

12. AUSTRALIA *Kings Canyon

荒野に突然現れる大渓谷。大雨の中、トレッキング。大増水した滝の豪快さに心を打たれる。

13. AUSTRALIA *Perth

スワン・リバー沿いに開けたほのぼのシティ。近くにイケてるビーチや湖もいっぱいあって、いつも「水」の近くにいた気がする。

14. AUSTRALIA *Jurien

桟橋がひとつあるだけの静かな漁師の村1。地元の子供達に秘密の釣り方を教わる。

15. AUSTRALIA *Green Head

桟橋がひとつあるだけの静かな漁師の村2。桟橋からメートルクラスの巨大イカが釣れる怖い場所。

16. AUSTRALIA *Guilderton

桟橋がひとつあるだけの静かな漁師の村3。強風でテントが吹っ飛ぶが、その分、雲ひとつない空に満天の星を仰ぐ。

ROUTE&MEMORY*** AUSTRALIA, ANTARCTICA

17. AUSTRALIA *Monkey Mia

野生のイルカ・ジュゴンが浜に訪れることで有名な天然ビーチ。エメラルドブルーの海に沈む紫色の夕陽を眺め、ペリカンとアザラシに囲まれながら飲むビールはサイコー！

18. AUSTRALIA *Margaret River

極上ワインの村。ワイナリーでワインを試飲しまくり、真っ赤に染まった脳味噌でボーっとしながら一面のブドウ畑の中を歩く。

19. ANTARCTICA

「ANTARCTICA ～南極」。オーストラリア南西部の都市 PERTH から小さな飛行機に乗り6時間。地球の底にそびえる大氷河地帯を低空飛行で回る。完璧な青と白の世界。圧倒的な大きさ、心を癒す透明感。叫びたいほどの感動。

Vol. 1

“OPEN”

Australia, Antarctica

ENDLESS HONEYMOON ～ Dear. my S

ふたりの旅の目的？
ふたりで旅をする意味？
そんなものは、ないさ。

ふたりで、世界中の「風」を感じ
ふたりで、世界中の「星」を見上げ
ふたりで、世界中の「海」に溶け
ふたりで、世界中の「夕焼け」に頬を染め
ふたりで、世界中の「酒」に酔い
ふたりで、世界中の「人間」と笑う

ただ、それだけでいい。
ただ、それだけがいい。

そして、いつの日か、ふたり。
世界中の「花」を心のブーケにして、日本へ帰ろう。

その日まで、長い永いハネムーンだ。

FUJI RVP
RVP-517
1A 2 2A 3 3A 4 4A 5 5A 6

FUJI RVP
RVP-517
1A 2 2A 3 3A 4 4A 5 5A 6

WEEKLY LIFE

各地で「ホリデーアパートメント」（安い貸別荘のようなもの）に1週間ずつ泊まりながら旅を続けている。

地球のあらゆる場所で、「1週間の暮らし」を味わう。

まるで、1週間ごとに引っ越しをしているみたいだ。

一面の海、古びた駐車場、隣のビルの壁、高層ビル街の夜景、緑溢れる公園…
部屋の窓から見える景色が、1週間ごとに変わるっていうのは、とってもイカしている。

どこの街に行っても、
免税店、観光案内所、空港というよりは、
スーパーマーケット、地元のBAR、バス・ストップなどに足が向く。

お金には少々制約があるが、時間だけは無限にある旅。

日本で頑張っているであろう仲間達への懐かしさと、
新しく出逢うであろう見知らぬ人々への期待が、胸の中で行ったり来たりしてる。

大好きな彼女とタバコと酒、そしてホンの少しの運さえあれば、当分は楽しくやっていけそうな気がする。

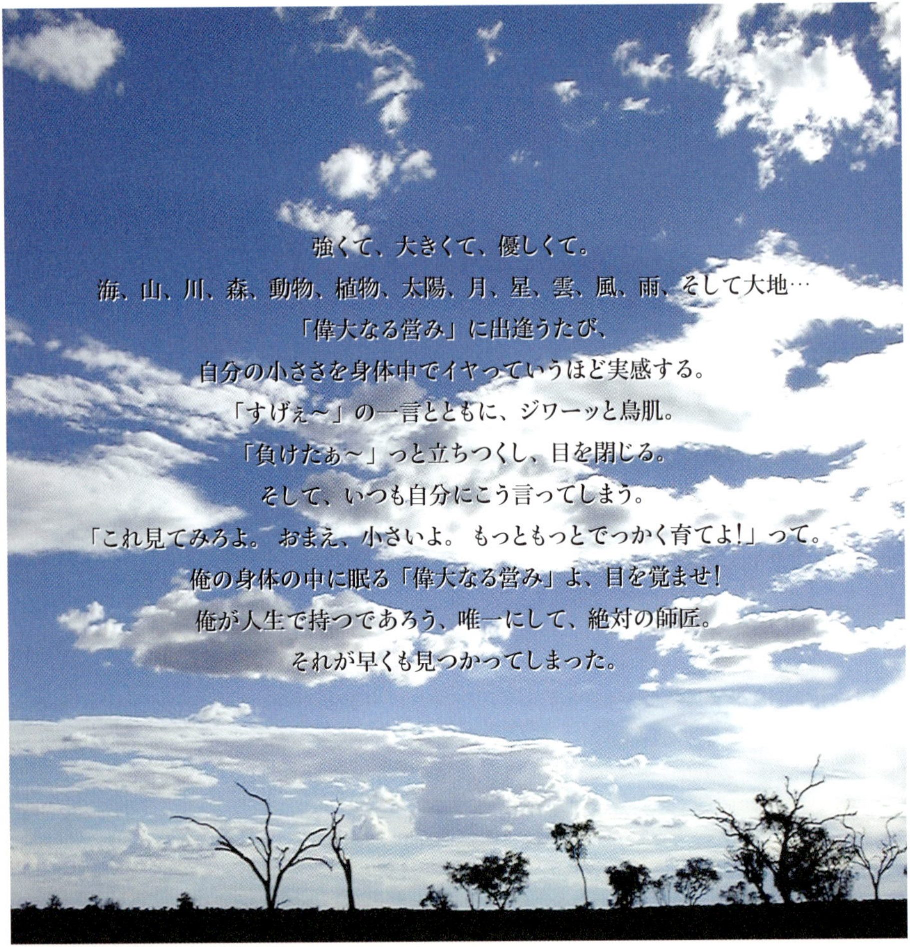
強くて、大きくて、優しくて。
海、山、川、森、動物、植物、太陽、月、星、雲、風、雨、そして大地…
「偉大なる営み」に出逢うたび、
自分の小ささを身体中でイヤっていうほど実感する。
「すげぇ～」の一言とともに、ジワーッと鳥肌。
「負けたぁ～」っと立ちつくし、目を閉じる。
そして、いつも自分にこう言ってしまう。
「これ見てみろよ。 おまえ、小さいよ。 もっともっとでっかく育てよ!」って。
俺の身体の中に眠る「偉大なる営み」よ、目を覚ませ!
俺が人生で持つであろう、唯一にして、絶対の師匠。
それが早くも見つかってしまった。

サインを見逃すな!

「TURN LEFT. YOU WILL GET SOMETHING」
「BEACH PARTY IS HERE!!」
「COMING OASIS」
「CAN YOU LISTEN POLICE BEAT?」etc…

なんの変哲もないルート1を走り続ける車から、外を眺める。
路上に溢れる数々のサインや標識。

BEACH へと向かう途中、ひげもじゃのタクシー運転手が言ってた。
「オーストラリアを走るときは、道ばたの何気ないサインを見逃さないこと。
きっと計画に入っていないナイストラブルに出会える…」

そう、人生も同じだよね。

Pi-TICK Pa-TICK Restaurant

裏通りの古びたレストランに入ると、
テーブルの周りを何種類もの鳥がちょこちょこ歩いては、こぼれモノをつまんでた。
ぴーちくぱーちくぴーちくぱーちく。 そりゃもう、大騒ぎ。
でも、金髪のネーちゃんたちも、真っ黒でおっかなそうな人たちも、でぶっちょな店員さえも、誰も鳥たちのことなど気にしてないみたい。
俺は他人よりたくさんこぼしちゃうタイプなので、俺の周りには、鳥がいっぱい。
ぴーちくぱーちくぴーちくぱーちく…

サーファーズ・パラダイスに来て3日目。
こんなレストランで、今日もHAPPYな1日を過ごしている。

プロセス

時間に余裕があるからだろうか？
旅に出てから、「プロセス」が妙に気になるようになった。
「プロセス」を楽しむようになった。
タバコも、1本ずつ葉っぱを紙で巻き、コンコンと詰めて、ぷぅーっと吸う。
食事も、1回ずつ食材を集め、ゆっくりと創り上げる。
何を見ても、「これはどんな風に創られたのかなぁ。どんな人が、どんな想いで創ったのかなぁ」なんてことが気になってくる。

すべてのモノが、誰かによって創られてる。
あらゆるモノに対して、「創った人の想い」と、その「プロセス」を想像できるようになれば、きっと人生は豊かになる。

「天」は俺に何をしろといってる？
聞こえそうで、聞こえない。

~ YOU ~

どの人間にも、必ず世界で一番優れている部分がある。
他人のそれを見つけ、本人に伝え、徹底的に伸ばす手伝いをすること。
それが優しさってもんだ。

PACIFIC PLAZA
たまには窓を開けて、未来の風景を見てるかい？

ニュース！ NEWS！ ～North East West South～

世界を回っていると、「日本という国」について、考えさせられる。
世界を回っていると、「日本という国」のことを、もっと深く深く知りたくなる。
世界を回っていると、心の奥底で 「日本と自分」を見てる気がする。

外見はもちろん、言語や習慣や思考回路まで全く違う人々と語り、いろんな風景を感じ、いろんなモノを食べているうちに、
自分自身＝タカハシアユムというひとりの人間が育った環境や、接していた人達、文化、常識などの輪郭が、すごく客観的に見えてくる。 感じてくる。

地球上のどこへ行っても変わることのない
「人間としての本質」みたいなモノを探してる？

気持ちのいい夕方の風が吹くシドニー港のベンチで、コーラ片手にサヤカとそんな話をしながら、
「世界大冒険の最後は、世界中で一番大切な国、日本を一周して締めること」を決定した。

世露死苦。

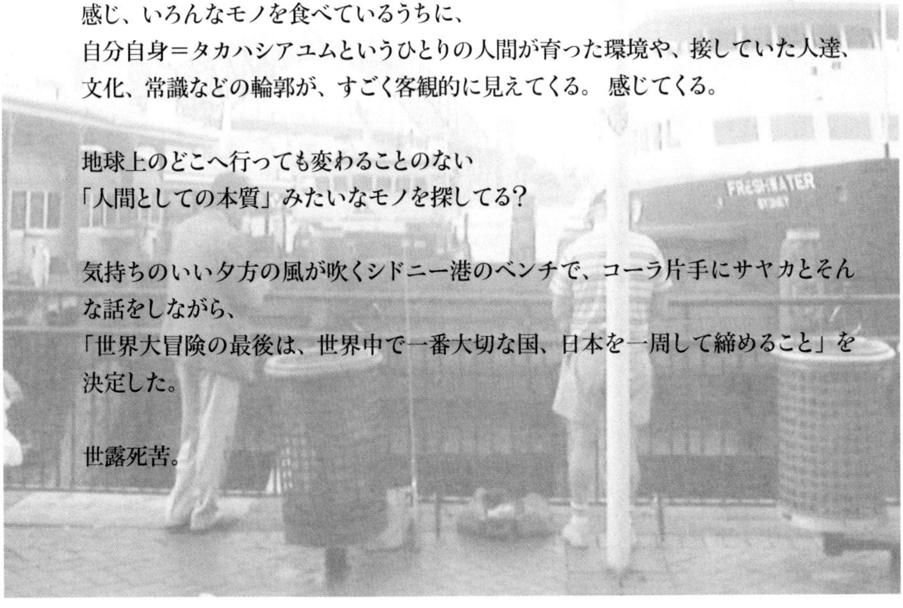

路上がステージ。壁がキャンバス。
ホンモノの表現はいつもFREEを求める。

半端に大きなものは醜いが、とてつもなく大きなものは美しい。

小さなことを気にしないのが、大きな人間ではなく、
小さな優しさを積み重ねることが、大きな人間の証なんだ。

サヤカの喜んだ顔が、好きだ。
能書きをタレる前に、
まずは、この女性《ひと》を喜ばせることから始めよう。

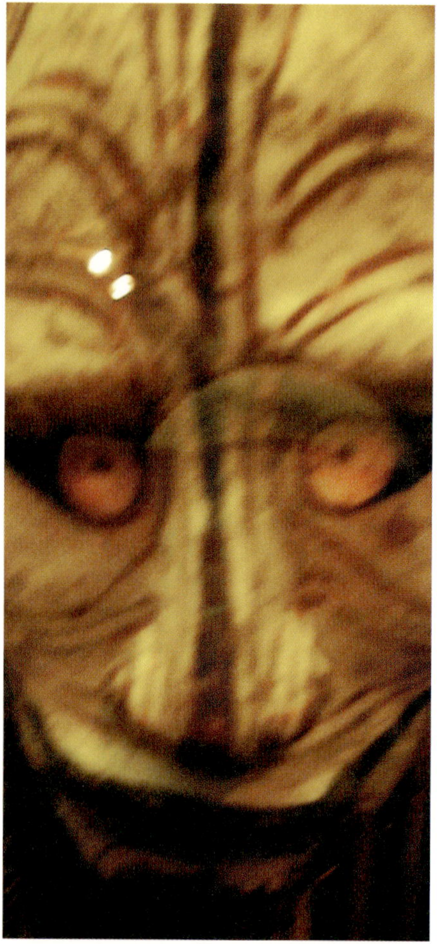

マジになればなるほど、
バカだと言われる。
まっすぐになればなるほど、
狂っていると思われる。
もっと、バカであれ。
もっと、狂であれ。
そして、もっと、もっと、人間であれ。

俺は、自分の信じる「美しさ」のために生きる。

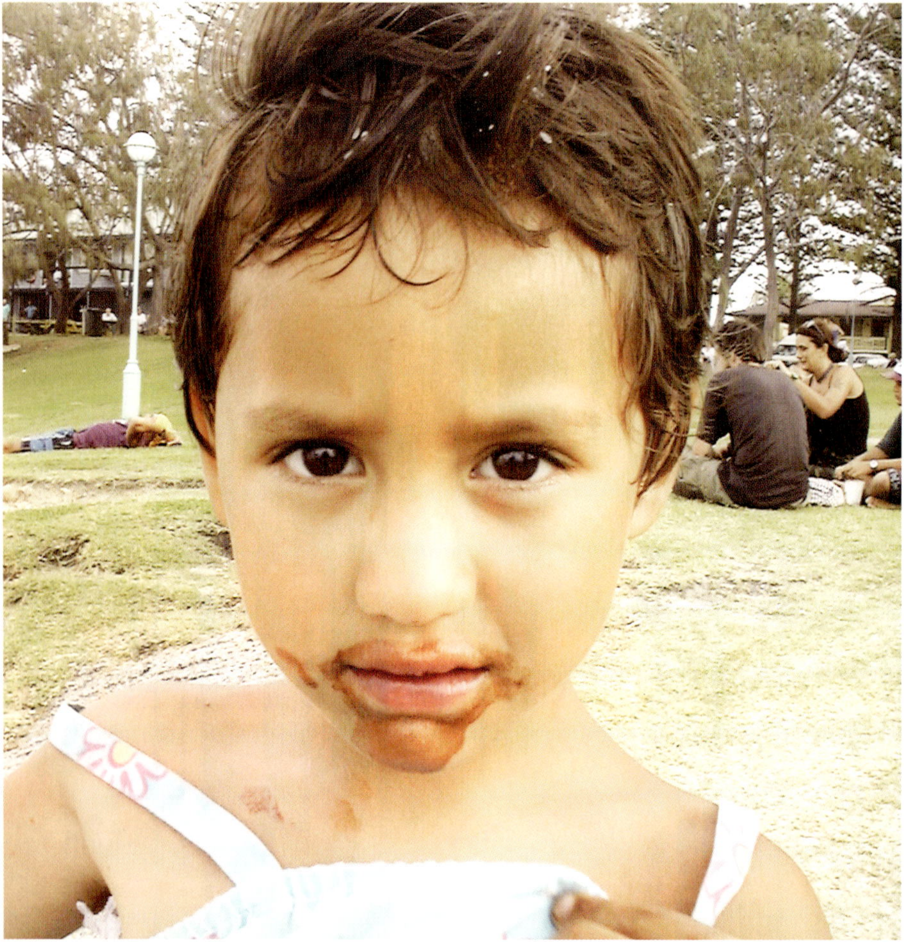

暮らす場所も、
仕事も、恋人も、友達も、夕食も、24時間の過ごし方さえも、
もとをただせば、すべて自分が選んでる。

自分で選べることを「自由」と呼ぶなら、
この時代に日本という幸せな国に生まれた俺たちは、「自由」をすでに持っている。

ねぇ、あんたは自由に生きてるかい？

happy

仲間、家族、愛する人、初めて逢う人…
誰かと一緒に、「感動」という果実を見つけ、
むしゃむしゃ食べながら生活する。

他人から見れば、小さくて醜いけれど、
自分たちにとっては超美味の果実もあれば、
逆に、大きくて綺麗だけれど、毒入りの果実もある。
サッと手を伸ばせば簡単に採れる果実もあれば、
一生を賭けて手に入れる果実もある。

日本でハードな仕事をしていても、
世界中をのんびりと旅していても、
本質的にはなにも変わらない。
ただ、果実を見つけ、
その美味しさを誰かと分かち合いながら時を過ごしている。

～「サンクチュアリ」 代表取締役 高橋歩～は、 もういいとして、

「アボリジニ」アユム族酋長　高橋 歩
「遊牧民」笛吹き係　高橋 歩
「エスキモー」クマ退治担当　高橋 歩
「キルキル族（首狩り族）」現場総指揮　高橋 歩
「聖者」 高橋　歩
…なんていう名刺、 欲しくない？

東京に帰って、アルマーニかなんか着て、こんな名刺出したらメチャかっこいいぜぇ。
夜景の見えるイカしたバーでグラスでも傾けながらさぁ、ちょっと遠くを見つめて、「まぁ、 俺もいろいろ地獄見てきましたけどね」 とかなんとか言っちゃってさぁ。 そんで、「無一文・未経験・コネなしから酋長になる方法」 とかさ、「猿でも出来るクマ退治」 とかさ、「首狩り族に学ぶリーダー論」 とか、 変な本いっぱい出版してベストセラーにするの。 一気にスーパースター。
楽しそうでしょ。
誰かぁー、 やらない？
マジで相談に乗るぜ。

世界中の本屋さんの写真集コーナーで、「JAPAN」の写真集を見る。
世界中の博物館のアジアコーナーで、「JAPAN」のアート作品を見る。
「メチャ美しい国じゃん、日本って」っていつも思う。
外から客観的に日本を見ると、きっと、みんな日本が大好きになる。

昨日、街のメインストリートをパンイチ（白いパンツ1枚）で歌いながら歩いているおっさんを見た。
昨日、ビーチで70才くらいの老婆と若い男のカップルがディープキスしているのを見た。
昨日、混んでいるスーパーマーケットの床で熟睡しているアボリジニの少年を見た。
昨日、真っ昼間の公園の芝生でエッチしているふたりを見た。
昨日、めちゃめちゃ陽気でポップな浮浪者に逢った。
昨日、顔面にハエを30匹くらいくっつけてニコニコしているおばさんを見た。
昨日、「GOOD MORNING!」って言いながら、起きた瞬間にビールを一気飲みした奴がいた。
昨日、「死ぬのって楽しみだよね、気持ちいいらしいよ!」ってハイテンションで語るおじさんに逢った。

いいねぇ。愉快だね。

小学生の頃に、ソ・ミ・ソ・ミ・レ・ド・レ・ドって「カッコウ」とかを吹いてた、
なつかしいタテ笛。
ランドセルからサッと抜き、刀代わりにしてチャンバラをしてたタテ笛。
あのタテ笛を、夜のビーチで髪の長いヒッピー達が吹いていた。
音楽の先生のように上手ではなかったけど、
天国からゆったりと吹いてくる風のような音が耳に優しかった。
海を見ながら座り、眼を閉じ、旋律に耳を澄ますと、
小学生の頃の自分と今の自分がオーバーラップした。

俺はどこから来て、どこへ向かうんだろう。

あれから20年。 これから何年?
タカハシアユムという生命が辿り着ける限界いっぱいまで、成長し続けていきたい。

その人の素敵な部分を見つけ、
それを本人に伝えてあげることの名人になりたい。

団地の公園で遊んだように、世界中で遊ぼう。

ギャンブルの腕だったり、楽器だったり、踊りだったり、筆だったり…
世界を放浪するときは、
何かひとつ「小銭を稼げる普遍的な武器」を持っていると強いぜ。

髪の毛は、カルものではなく、カットしていくもの。
自信は、アルものではなく、ゲットしていくもの。
Centralian
Advocate

世界大冒険

ブッシュマンもゲリラもギャングもポリスも
スラムホームレスもマフィアだって、 怖くない。

「奥さんとふたりで旅を続けること」
それが、 最大の冒険だね。

ナメられるな。
ナメていけ。
人間、そう簡単に死にやしねぇ。

ANGRY
LIVE

夜の街を歩く。
路地裏の汚れた壁に、ピンクのスプレーで書かれた「LINDA」という文字。

それを見たとき、フッと、
ビシャビシャに飲み、ガンガンに酔っぱらい、
ブルハーをシャウトしながら一緒にカラオケルームで翔び回った仲間達の、
まっすぐでクレイジーな映像が頭に浮かんできた。
LINDA LINDA!

みんな、大きくなって待ってろよ。
死ぬまで、一緒に翔ぼうぜ!

自宅＝ファースト・スペース
仕事場＝セカンド・スペース

自宅でも、仕事場でもなく、違ったアイデンティティーを持てる空間。
「もうひとりの自分」の居場所。
そんな、サード・スペース＝OASISを生活の中に確保しよう。

そこに、新しい泉はいつも湧いている。

BEACH GIPSY

やっぱり、海が好きだ。

BEACH GIPSY ～ビーチを放浪し続ける毎日。

ときには、波乗りをし
ときには、夕食の魚を釣り
ときには、眠り
ときには、本を読み
ときには、酒を飲み
ときには、詩を書き
ときには、タバコを吹かし
ときには、サザンを口ずさみ
ときには、風に吹かれるだけ…

気持ちのいいスペースが、俺の心をニュートラルに戻してくれる。

でも、驚き。
おじいちゃんやおばあちゃんも
ビーチでおもいっきり楽しんでいいってことを、
俺は初めて知った。

旅は逃避ではなく、追跡である。
「卒業したら、旅に出る」
そんな、儀式としての、旅もある。

KNOCK'N ON HEAVEN'S DOOR!

もっと凄いはずの自分を捜して…

HEY! 勇気を出して、今日も新しい扉を叩こうぜ!

びがく

オイオイ、そりゃ失礼だろ！
オイオイ、おまえ何喰ってンだ？
オイオイ、何怒ってンだよ…
オイオイ……

人種が交錯する渦の中で暮らす。
全員に共通する「常識」「価値観」などが見当たらない環境で暮らすと、
「自分の美学」を貫き通すしかなくなる。

でも、俺の美学って、なんだ？

「ねぇ、ねぇ、南極行っちゃう?」
「いいねぇ、行こう行こう!」
「じゃ、予約しとくよ」
そんな会話がナチュラルな毎日。

だんだん脳味噌に翼が生えてきた。

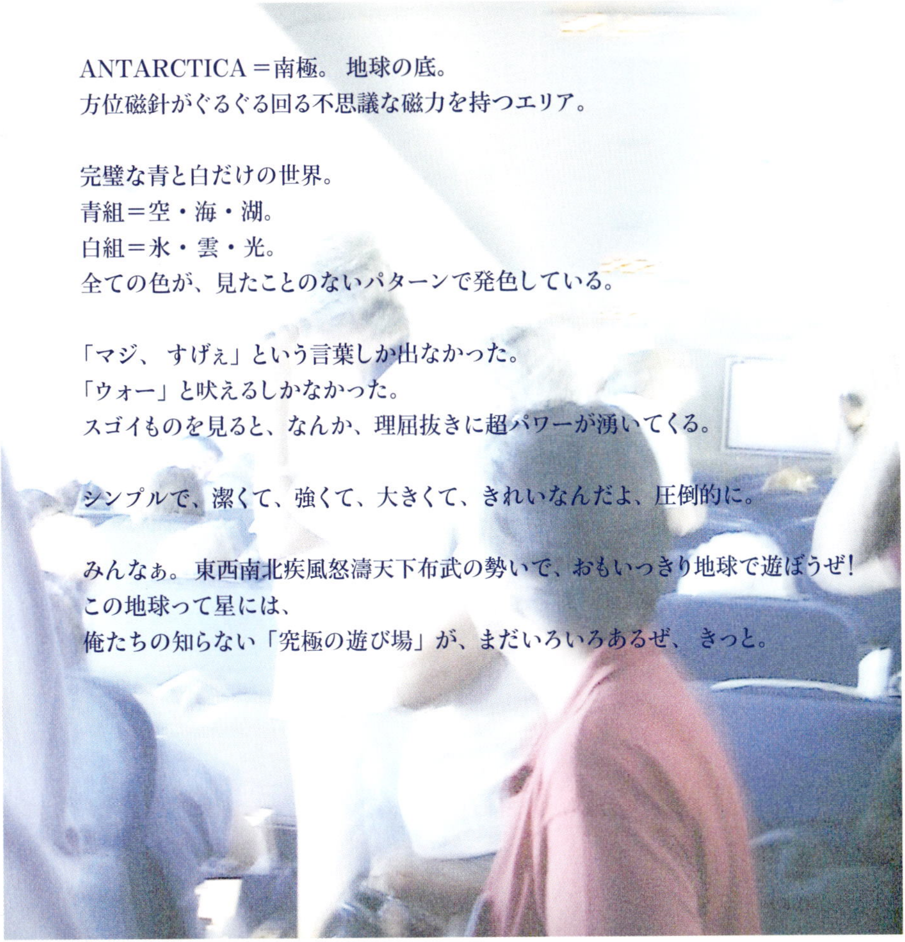

ANTARCTICA＝南極。 地球の底。
方位磁針がぐるぐる回る不思議な磁力を持つエリア。

完璧な青と白だけの世界。
青組＝空・海・湖。
白組＝氷・雲・光。
全ての色が、見たことのないパターンで発色している。

「マジ、 すげぇ」という言葉しか出なかった。
「ウォー」と吠えるしかなかった。
スゴイものを見ると、なんか、理屈抜きに超パワーが湧いてくる。

シンプルで、潔くて、強くて、大きくて、きれいなんだよ、圧倒的に。

みんなぁ。東西南北疾風怒濤天下布武の勢いで、おもいっきり地球で遊ぼうぜ！
この地球って星には、
俺たちの知らない「究極の遊び場」が、まだいろいろあるぜ、 きっと。

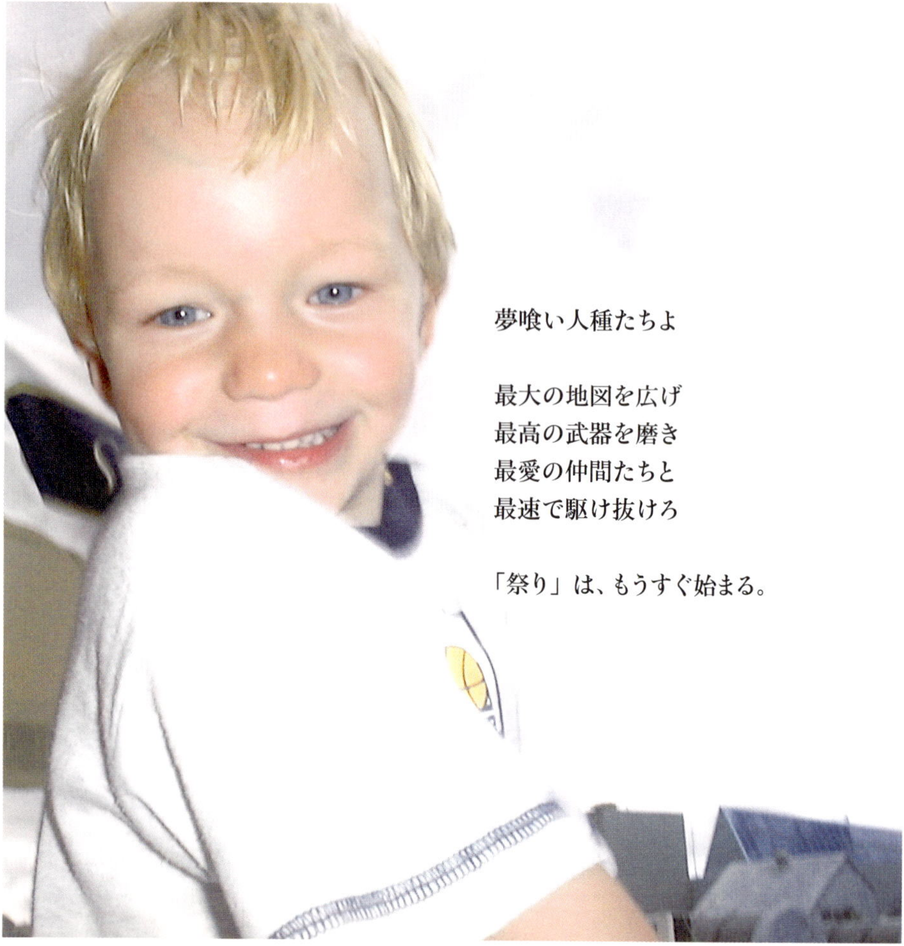

夢喰い人種たちよ

最大の地図を広げ
最高の武器を磨き
最愛の仲間たちと
最速で駆け抜けろ

「祭り」は、もうすぐ始まる。

ふたりがひとつになるために。ふたりがふたりであるために。

もうすこしだけ

あの頃の俺に、
もうすこしだけ、
地球サイズの視点で自分を見つめる余裕があったなら、
数十倍の結果が出せたはず。

あの頃の俺に、
もうすこしだけ、
地球サイズの愛情で仲間を見つめる余裕があったなら、
数十倍の笑顔を生み出せたはず。

悔しいけれど、　まだまだ小さかった。

でも、　それに気づいた今の俺は、　無敵。

小手先の技術はいらない。
大げさな批評や解説もいらない。

生き方がアートだ。

死ぬときに、「自分という作品」に感動したいだけ。

This is the Revolution!

俺が変われば、100人が変わる。
100人が変われば、1000人が変わる。
1000人が変われば、10000人が変わる。
10000人が変われば……
最後には、日本も世界も変わるだろう。

難しく考える必要はない。
すべては、俺の心の中にある。

まずは、俺の心の中の
争い、飢え、差別、汚染…などの種を、
毎日の生活の中で、
ひとつずつなくしていくこと。

これこそ、史上最高の「革命」だ。

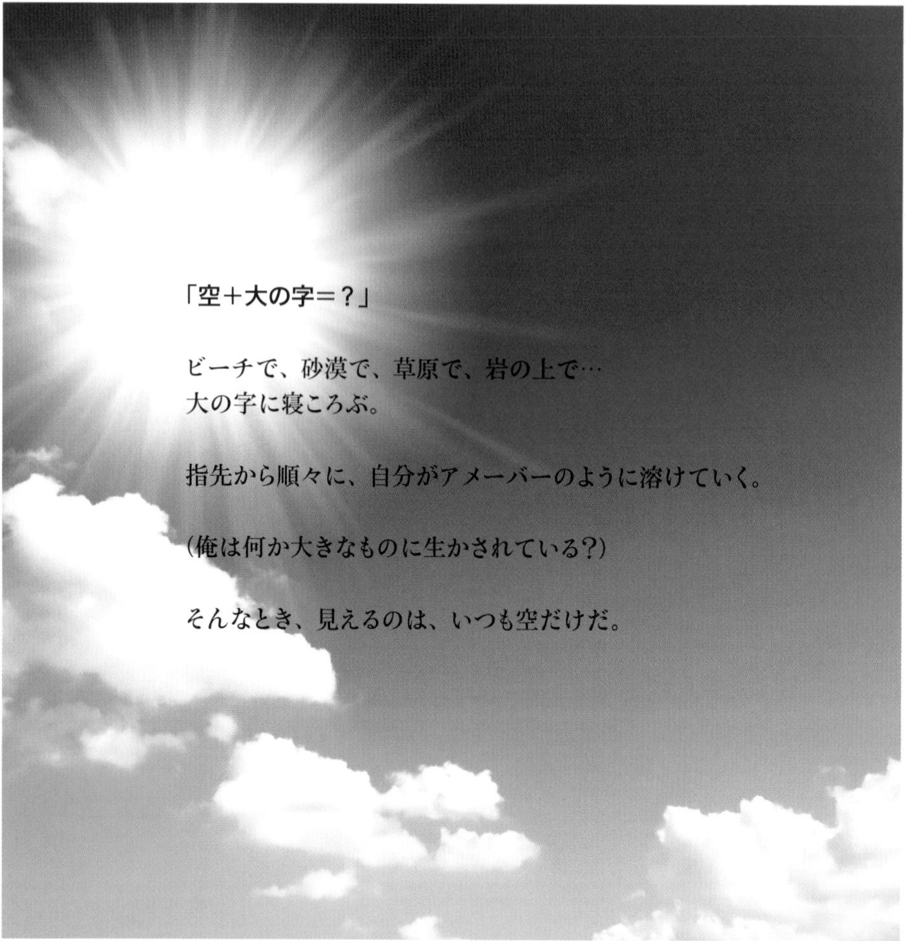

「空＋大の字＝？」

ビーチで、砂漠で、草原で、岩の上で…
大の字に寝ころぶ。

指先から順々に、自分がアメーバーのように溶けていく。

(俺は何か大きなものに生かされている?)

そんなとき、見えるのは、いつも空だけだ。

オーストラリア大陸の西側に広がるインド洋に沿って、
海ぎわにテントを張りながら北上している。

誰もいない透き通るような砂浜で、
野生のアザラシやペリカンに囲まれながら釣りをしたり、
波の音しか聞こえない月明かりの砂浜で、
野生イルカに逢ったり、
どこまでも続く一直線の道路に突然、
野生のカンガルーが出てきてビビったり。

動物や鳥はもともとすべて「野生」だったのに、
いちいち「野生の」という言葉を使う自分の異常さを
大自然の中で猛烈に感じている。

この動物たちの「ヤセイの眼」を見ろ。

俺たちは何かを失っていないか？

残りの人生で、
「俺」という作品をホンモノにしていくためには。

「たくさんのお金」を創るノウハウより、
「イカした仲間」を創る愛情よりもさらに、

「大自然に溶ける時間」を創る勇気が一番必要みたいだ。

生命力＝ジブンノ イノチガ イキヨウトスル チカラ。
感じて生きてるかい？

大自然の中、テント暮らしを始めて、1週間が過ぎた。

不思議なことに、
目が良く見えるようになった。
耳が良く聞こえるようになった。
鼻が良く匂うようになった。

カラダとココロから余分なものが抜け透明になったみたいだ…
自分のカラダを流れる血液の流れや、
自分のココロを天と繋ぐソウルラインのようなものさえ感じるときがある。

海に溶け、 森に遊び、 風に舞い、
「タカハシアユム」 という哺乳類ヒト科の血が、
じょじょに蘇ってきたらしい。

2つの眼で未来を見つめ、
2つの手で大事なものを守り、
2つの足でがっちりと大地に立つぜ。

100粒のビタミン剤よりも、ひとかけらの大自然を。

オーストラリアのド田舎で、 小さなワイナリーに寄る。

手の不自由そうなおじいちゃんが、 一生懸命に、
１粒１粒ブドウを育て、
１滴１滴蒸留し、
１本１本大事に創った赤ワイン。

ガキの頃、 弁当のおにぎりにオフクロの味を感じたように、
このワインは、 おじいちゃんの味がした。

「今日はおじいちゃんの人生に乾杯しよう!」

心を込めて創った 「作品」 には、
たとえワイン1本でも、 「魂」 がこもっている。

「こうしたい！」と、なにかを欲する。

「じゃ、どうすればいいか？」と、考える、がたいてい思いつかない。

「調べてみよう！」と、徹底的に他人に聞きまくる、本を読みあさる。

「なるほど」と、一般的な方法がわかると同時に、

「ここが問題だな」と、今の自分にとっての問題もわかる。

「じゃ、どうするか？」と、今の自分にも出来そうなナイスな作戦を考えてみる。

「とりあえず、やってみよう！」と、決断し、出来そうなことからやり始める。

「思いどおりにはいかねぇなぁ」と、壁にぶつかるたびに、新しい作戦を考える。

「転んでもただじゃ起きねぇ！」と、自分の仲間を何度も励ましながらゴールまで突進する。

「よっしゃー、かんぱーい！」と、感謝感激感動の酒を飲む。

「次からは、ここを気をつけような」と、酔っぱらいながらの反省会。

「いろいろあったけど、楽しかったなぁ」なんて、思い出に浸りながら、もう一度、
今度はひとり反省会…

大なり小なり、仕事をしてても旅をしてても、
俺の生活は、この作業の繰り返しのような気がする。

どんなに知識があっても、
どんなに口が達者でも、
どんなに格好がよくても、
圧倒的なチカラの前では、無力に過ぎない。
恐怖におびえ、その場に立ち尽くすだけ。

俺は、一匹の男として、
大事なものを守り抜くチカラを手に入れるために、
日々、自分の魂を磨こう。

ヒトは、強くなればなるほど、優しくなれるのだから。

Community
One Wo
gifts

ONE WORLD ～世界はひとつ～

ジョン・レノンは、「ONE WORLD」という愛を音楽で表現した。

旅先で出逢ったおじさんは「ONE WORLD」という愛を、
世界中の雑貨を集めた小さな雑貨屋さんで表現したという。
「ONE WORLD」と刻まれた店の看板は、
とっても地味だけど手造りの温かみに溢れていた。

ジョン・レノンも、このおじさんも、俺は同じように好きだ。

愛の表現方法に、ルールなんてない。

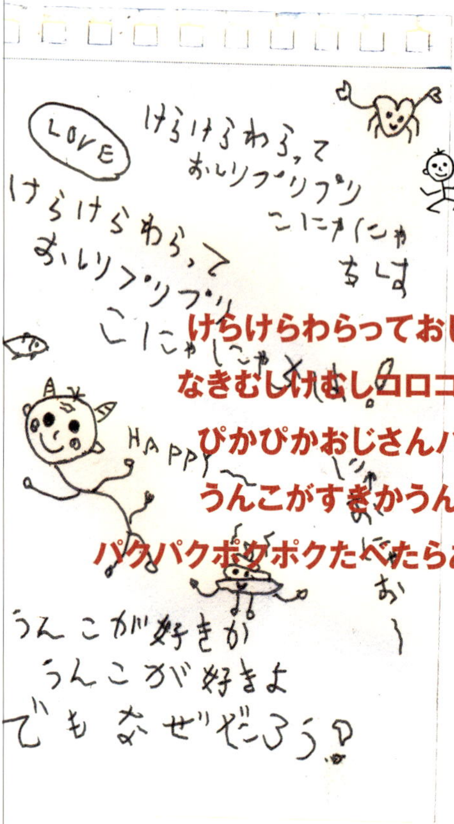

HAPPY MAGIC?!

けらけらわらっておしりプリプリこにゃにゃちは
なきむしけむしコロコロプクプクおならでまちた
ぴかぴかおじさんハゲリンピックできんめだる
うんこがすきかうんこがすきよでもなぜだろう
パクパクポクポクたべたらあごがはずれたよ いてぇ~
etc…

すげぇムカついたときや、なんだかつらくてブルーな夜の特効薬。
人の少ないカフェや自分の部屋でどうぞ。

1. ボールペンと紙を用意して、
2. 左手にペンを持ち、（左利きのヒトは右手）
3.「けらけらわらっておしりプリプリこにゃにゃちは」って3回書く。

書いてるうちに、たいていのことは、どうでもよくなるぜ。

備考：書く文字は「けらけらわらっておしりプリプリこにゃにゃちは」に限りません。オリジナルのどうでもよくなる魔法の言葉を考えてみましょう。

例）なきむしけむしコロコロプクプクおならでまちた
ぴかぴかおじさんハゲリンピックできんめだる
うんこがすきかうんこがすきよでもなぜだろう
パクパクポクポクたべたらあごがはずれたよ　いてぇ〜　etc…

注：他人に書いているところを目撃されると大変危険です。ご注意下さい。

愛、愛、愛、愛、愛、愛、愛、愛、愛……

同じ漢字を何度も何度も繰り返し書いているうちに、
「ほんとにこれでいいのか?」と、
途中で本来の文字がわからなくなってしまったことはないか?

ひとりの女性とずっと旅を続けていて、ふっと、そんなことを思い出す。

仲間《ダチ》へ

答えを出してあげられないけど、真剣に話は聞くよ。
守ってあげられないけど、精一杯の応援をするよ。
先導してやれないけど、必死の援護射撃をするよ。

やっぱり、やるのはオマエだもの。

うまくいかないときは、一緒に笑い飛ばそう。
うまくいったときは、一緒に酒を飲もう。
どっちでもないときでも、電話してこいよ。

そりゃ、俺たちはトモダチだもの。
そりゃ、俺たちはトモダチだもの。

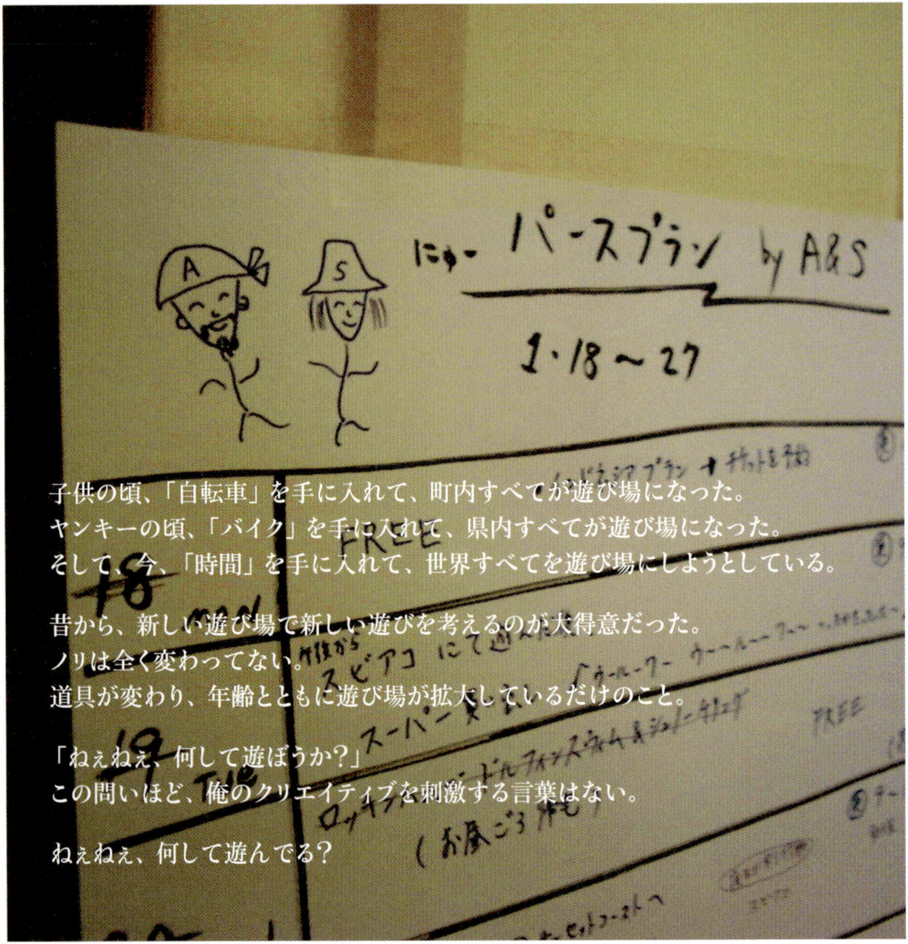

子供の頃、「自転車」を手に入れて、町内すべてが遊び場になった。
ヤンキーの頃、「バイク」を手に入れて、県内すべてが遊び場になった。
そして、今、「時間」を手に入れて、世界すべてを遊び場にしようとしている。

昔から、新しい遊び場で新しい遊びを考えるのが大得意だった。
ノリは全く変わってない。
道具が変わり、年齢とともに遊び場が拡大しているだけのこと。

「ねぇねぇ、何して遊ぼうか?」
この問いほど、俺のクリエイティブを刺激する言葉はない。

ねぇねぇ、何して遊んでる?

道ばたから一生懸命に走る他のランナー達を見て、歓声を上げたり、感想を言い合ったりするのにも飽きたろ。
スタートラインで戸惑い、最後まで走りきれるかどうかを心配するのも疲れるだけだ。

もうそろそろ、道の上に立って自分も走り始めようぜ。
遅くたっていい。 疲れたら歩いたっていい。 ビリッケツでもいい。
一歩進むごとに、風景は変わっていく。

足踏みしてても、靴の底は減るぜ。

テレクサイ…
メンドクサイ…
マタコンド…
NO! NO! BABY!
イマ　コノトキニ　サイコウノ
アイジョウ　ヲ　ツタエルノダ!

愛されたいと願うばかりで、愛することを忘れてないか。

Meals
Through to Courtyard and Toilets
BOOKS & CD's
PLEASE ORDER AND PAY AT COUNTER
PHYSICAL ATTRACTION
ARCHIE ROACH
CAFE AT THE GATES OF SALVATION
THE BRIDGE HOTEL
COLOUR BLUE
baby animals
THE ANGELS
FIVE BLIND BOYS
RICHARD CLAPTON
COCKROACHES

できるか、できないか、ではなく、
必要であるか、必要でないか。

己の行動を決めるのは、それだけでいい。

「ヒトガ　ヨロコブコトヲ　シタイ!」
オーストラリアの空の下、俺の魂が突然ひらめいた。

俺は、まず今日から、彼女・友達・家族のひとりひとりについて、
「喜ぶことリスト」を創ってみることにした。
それを毎日の生活のなかで、ひとつずつ実行していくことにした。
そこから始めよう。

さぁ〜て。 喜んでもらう相手を世界中に拡大していくぞぉ〜。
どうせなら、こんな生活を仕事にも出来ないかなぁ、と、今、事業プランを考えてるんだ。
「㈱喜ばせまくり隊」でも創るか？ 「㈱喜ばし隊!」の方がシンプルでいいかな？
そうすれば、ヒトを喜ばせまくることだけ考えながら生きていけるじゃん。
それって、イケてるよ。

日本帰ったらマジでやるかもしれないから、そのときは応援してね!

ある国に着いたら、ゴミ処理場に行って、ガラクタを集め、
そのガラクタを焼いたりつなげたり組み合わせたりしながら創った作品を路上で売り、
作品が売れてお金が出来たら、また次の国へ行く。
しかも、作品の売上の一部を小額ながら
その国の恵まれない子供達のために寄付し続けてる。

何年も、そんな風に旅を続けながら、
世界中にファンを増やし続けているアメリカ人アーティストと友達になった。

「どんな想いを作品に込めてるの？」って聞いたら、ひとこと。
「LOVE & PEACE」だって。

GREAT!

数年ぶりに、インド洋でイルカに逢った。
相変わらず、イルカっていう生き物は波長がいい。

イルカと一緒に泳ぐと優しい気持ちになれるのは、なぜなんだろう…
イルカと初めて泳いだとき、彼らの優しいオーラに強烈にひかれ、イルカになりたいとさえ思った。

〜イルカのように優しくなるためには、瞑想をし、心を静かにする必要がある〜
イルカ人間と呼ばれるジャック・マイヨールの本を読み、「瞑想」の大切さを感じた。

毎日の忙しい生活の中で、静かな場所で自分の心をイルカにする時間が必要だ、ということはよくわかったが、部屋の床に座り、眼を閉じて、呼吸を整え…というのが、どうもスタイル的にピンとこなかった。
そこで、俺は俺なりの「瞑想」〜高層ビルのカフェでおいしいコーヒーを飲みながらぼーっとする〜を始めた。最初はなんだか落ち着かなかったが、意識的に通っているうちにだんだん慣れてきて、そこで過ごす時間が気持ちよくなってきた。
そこにいると、少しだけ優しい気持ちになれるようになった。

どんなに生活が慌ただしくても、「イルカな時間」を確保できるようになったことで、俺は流されるのではなく、流れて生きている実感を得られるようになった。

不思議なことに、たかが「カフェでの30分」によって、俺は明らかに変わり始めた。
その頃から、仲間も増え、彼女ともうまくいくようになり、小さなことにも感動できるようになっていった。

カフェに限らず、気軽に行けて、ひとりっきりで気持ちよくぼーっと出来る「瞑想スペース」を持つこと。
それは、あなたにとって、意外と大きなきっかけになるかもしれない。

高いビルが好きだ。
最上階へ上り、豆粒ほどの人や車の群を見ながら、「自分」って奴を見てみる。

「そっちじゃない、 そっちそっち!」
「なにビビってんだよ、 大丈夫だよ、 それをやっても」
なんて、
もうひとりの大きな自分がアドバイスをしてくれる。

高いところへ行ったり、 遠いところへ行ったり、
物理的な視点を変えることで、
精神的な視点も変えることが出来るんだね。

いくら頑張っても、わかってもらえなかったり。
いくら必死にやっても、結果が出なかったり。

誰もわかってくれないなら、無意味じゃないか…

そんなことはない。
オマエの頑張りは、常に「天」が見てる。

$15で、釣り竿を1本買った。
これを片手に海に出て、$1000分の夕食は釣り上げてやるぜぃ。

$80で、アコースティックギターを1本買った。
これを片手に街で唄い、$1000分の飲み代を稼いでやるぜぃ。

この2つの道具で、お金には代えがたい友達をいっぱい創ろう。

オーストラリアで5本の指に入る「大都市」でレンタカーを借りたら、
受付のおじさんが、「カンガルーをひかないようにね！」だって。

「冗談でしょ？」

走り始めて30分もしないうちに、
道の脇には、カンガルーの死体がポツン、ポツン。
マジでした。

長距離バスの旅で発見した法則：1

イタリア人：ハエに弱い。
アメリカ人：狭い場所に弱い。
中国人：孤独に弱い。

長距離バスの旅で発見した法則：2
「NO FOOD」～食べ物禁止のバスにて～

日本人：コソコソ食べる。しばらくして見つかって注意される。やめる。
アメリカ人：堂々と食べる。すぐに見つかって注意される。やめる。
アボリジニ：堂々と食べる。すぐに見つかって注意される。それでも食べ続ける。

土曜日・日曜日は、会社どころか、デパートさえオープンしない国、オーストラリア。
キャンプ場もズバ抜けて多く、ボート・カヌー・自転車・犬などを積んだキャンピングカーがビュンビュン行き交う国、オーストラリア。

「週末は家族と自然の中で過ごすためにある」という幸せのカタチ。

俺たち、ジャパニーズビジネスマンは、どこに向かって走ろうとしてるんだろう？

最近、サヤカとケンカばっかりだ。

「言わなくてもわかるだろ!」じゃ、ダメみたい。

「そんなこと」を、わかりあおうとする作業を、愛と呼ぶらしい。

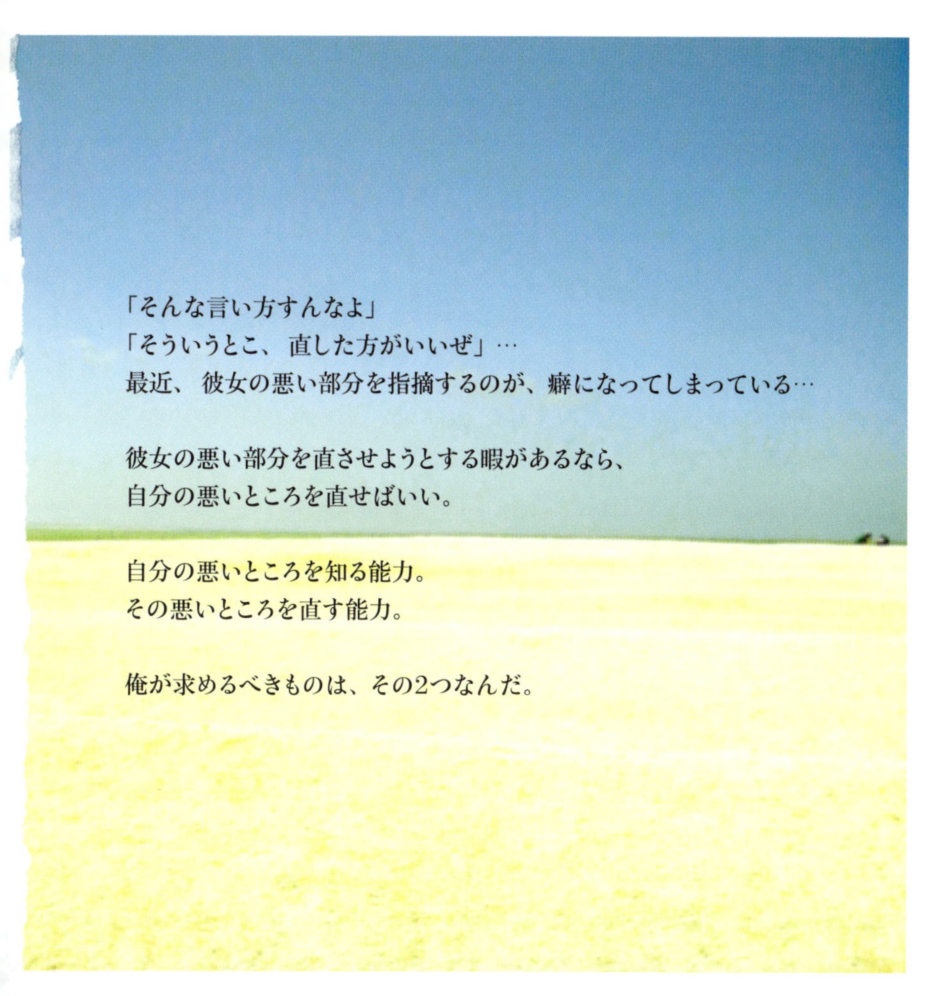

「そんな言い方すんなよ」
「そういうとこ、直した方がいいぜ」…
最近、彼女の悪い部分を指摘するのが、癖になってしまっている…

彼女の悪い部分を直させようとする暇があるなら、
自分の悪いところを直せばいい。

自分の悪いところを知る能力。
その悪いところを直す能力。

俺が求めるべきものは、その2つなんだ。

旅の途中、南半球の小さな街で、自分たちの書いた本の読者に出逢った。
小さなアジトで、夜も眠らずに仲間たちと必死に創り上げた本だ。

「オレ、あの本めちゃめちゃ好きなんですよ」だって。

世界中に俺たちの本を愛してくれる人がいると思うと、
なんだか今日は、1日気分がいい。

「高校を卒業したら、ひとりで世界を見てこいよ」
自分の子供には、そう言ってやろうと決めたんだ。

「夕陽」に感動する余裕を持って、毎日を生きよう。

買ってきた餌をカニに喰われないように見張り、
針に掛かった魚をアザラシに喰われないように釣り上げ、
釣り上げた魚を海鳥に喰われないようにビニールへしまう。
大自然での釣りは、闘いだぜ。

TOKYOにいると、「耳をすます」ことがなかった。

風の音に、こんなに種類があるなんて知らなかった。
同じ人の声に、こんなに種類があるなんて知らなかった。
ミミ　ヲ　スマシテ　ゴランヨ…

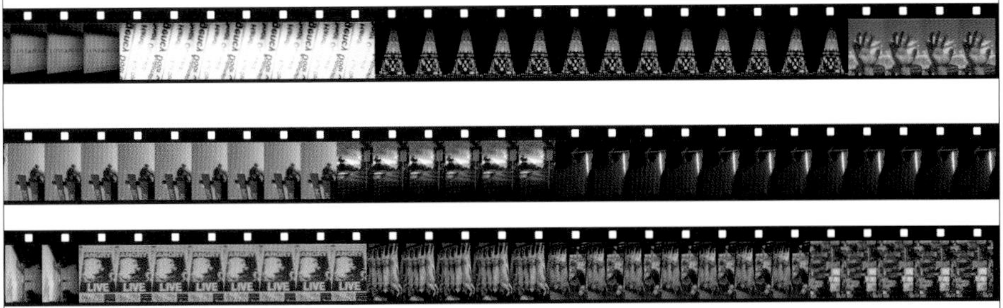

元気な「コトバ」が磁石になって、元気な「クウキ」が集まってくる。
元気な「クウキ」が磁石になって、元気な「仲間」が集まってくる。

最初は、無理矢理でもいい。
ときには、やせ我慢でもいい。
元気なコトバを常に発し続けよう。

HAPPY LIFEを送り続けるためには…
コトバという磁石の使い方が、ミソ。

大航海時代、
船乗り達が7つの海へ
この時代、
俺達は心の海へ旅立
心は海よりも広く、海
心を制すもの、世界を
すべての宝は、ココロ

旅立ったように、

っていこうとしている。

よりも深い。

制す。

の中にある。

PAGE OF S 「野獣」アユムと共に旅を続ける「美女」サヤカちゃんのページ

オーストラリアの旅を振り返って…

オーストラリアでの77日間の旅を終えました。思ったより広くって1周するのに時間が掛かったなぁって感じです。世界大冒険の最初の国ってこともあって、オーストラリアでは車のキーをなくしたり、荷物を落としたり、何度もいろんな失敗をして、やっと少しずつ旅慣れてきた？ 気がします。
とにかく甘く見られてはまずいと思って、ジーンズをはき、古いTシャツを着て、大きなリュックサックを背負ってバックパッカーズ風にして、なにげに旅慣れた人をよそおってます。
食べ物については自炊がサイコー！　オーストラリアは食材が安くて新鮮だから、煮ても焼いてもなんでもおいしいし。アユムが釣ってきた魚をさばいてくれたり、変な調味料がたくさん入ったアユム式不思議料理も、みかけによらず食べるとすごくおいしかった。
でも、気持ちのいい気候＆よく歩いたせいか、ホントによく食べて太ってしまった。髪もボサボサで、顔とかもだんだん黒くなってきちゃったし、友達に逢いたいけど、日本に帰る時のことを考えると少し怖い…。
あと、あまりにも英語が話せなくて困ったので、「自分から話しかけて慣れるしかない！」って思って、話しかけるきっかけとして「世界友ダチ創ろう計画」っていうのを始めました。
これは、ノートを用意して、いろんなところで出逢った人に名前とかアドレスとか私へのメッセージを書いてもらうっていう計画で、私の下手な英語でも理解してくれて嬉しかった。このノートのおかげでずいぶんたくさんの人と仲良くなれました。
キャンプ場で知り合ったかわいい子供たちや、エアーズロックで仲良くなり夜中まで３人で語り明かしたトラック運転手のケンジくん、いろいろお世話になった宿のポインツ夫妻…。でも、アリススプリングスという場所にいた先住民のアボリジニの人々だけは、超がつくほどマイペースだし、色も真っ黒黒で迫力満点！　ちょっと怖い感じでとても話しかけられませんでした。

かわいい笑顔、やさしい笑顔、照れた笑顔…オーストラリアだけでもいろんな笑顔に逢えました。将来生まれる私の子供が大きくなったときに、「お母さんは旅をしたことでこんな風にステキになれたよ」って言えるようになりたい…そんなことを思いながら旅を続けてます。

それでは、このへんで。また手紙書きます。　　　　　さやか

EPILOGUE

from Ayumu Takahashi

オーストラリア大陸、そして南極の旅を終えた。
この３ヶ月間のイメージをひとことで言うと、やっぱり「OPEN」かな。
こんなに大きな空を見たのも初めてだったし、
こんなに青い海を見たのも初めてだったし、
こんなに広い大地を見たのも初めてだったし、
こんなに長い自由時間を過ごしたのも初めてだったし…

「細胞ぜんぶ透明になっちゃう〜」っていうくらいの圧倒的な開放感の中で、
オレは赤ちゃんにでもなったような気分で、タカハシアユムっていう生命体の持つ可能性を全開にOPENし、勝手にワクワクし続けていた日々だった。
やっぱり、でっかいことはいいことだ。

1999年２月７日。
オーストラリアのパースという街から飛行機に乗り、今、インドネシアのバリ島にいる。
花も家も人々もすべてがカラフルなバリ島の小道を、バリニーズと肩を並べ、バイクで爆走し始めたところだ。もちろん後ろに乗っているサヤカ嬢もご機嫌の様子。
今度はインドネシアの島々をホッピングした後、シンガポールからマレー鉄道に乗りマレーシア、タイへと渡り、ヒマラヤの麓のネパールで聖者と戯れ、インドの大河ガンジスを下ってカルカッタを訪れ、故マザー・テレサの「死を待つ人の家」で手伝いをし、スリランカへ…という大まかな予定だ。

遠距離恋愛じゃないけど、
「ハナレテ　イテモ　オモイ　ハ　ヒトツ」
日常の生活に溢れる「いいじゃん！」を集めながら、
お互いに自分の「旅」を楽しんで、いっぱいいっぱい成長し続けようぜ！

LOVE YOURSELF.
SEE-YA!　1999.2.9　高橋 歩

Dear.

WILD CHILD

WORDS & PHOTOGRAPHS BY AYUMU TAKAHASHI / PUBLISHED BY FACTORY A-WORKS

Vol.2 “REAL”

Indonesia, Singapore, Malaysia, Thailand, India, Nepal

PROLOGUE

ひさしぶり＆おまたせ！
みんな、楽しくやってるかい？
VOL. １を出版して以来、全国から寄せられる本当に強烈なリアクションに感謝感激感動しながら、オレもサヤカもさらにLOVE & PEACEな気分で旅を続けているよ。

さてさて。今回のVOL. ２はディープなアジア編だ。
バリ島に始まり、シンガポール・マレーシア・タイ・インド・ネパールを放浪する旅。
VOL. １のオーストラリア＆南極の旅が大自然に溶ける旅だったとすれば、
今回のアジアの旅は人々の生活に溶ける旅だった気がする。
大自然の中でおもいっきり「OPEN」したオレのココロに流れ込んできたものは、
甘っちょろい自信なんて簡単に吹っ飛ばされてしまうような、鮮烈な「REAL」だった。
「世界にはいろんな人がいていろんな暮らしがある」ってことは知っているつもりだったけど、まさかこれほどとは…

愛するサヤカとふたり、
貴族になったり原始人になったり、天使になったりヤンキーになったり、
無力になったり無敵になったりしながら、
毎日がサバイバルでフェスティバルなアジアを歩き続けたこの３ヶ月間。
旅の途中でふっと立ち止まり、愛用の「ピカチュー自由帳」に殴り書いた言葉＆落書き、ちっちゃなデジカメで切り取ったいくつかの場面…
そんなものにオモイを込めて、同じ時代を生きているアナタに贈ります。

サァ、ハジマリハジマリ…

ROUTE&MEMORY
INDONESIA, SINGAPORE, MALAYSIA, THAILAND, INDIA, NEPAL

ROUTE&MEMORY***

INDONESIA, SINGAPORE, MALAYSIA, THAILAND, INDIA, NEPAL

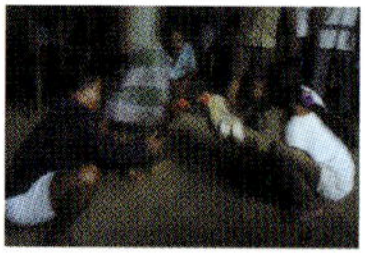

1. BALI *Ubud

バリ島のほぼ中央に位置するバリカルチャーの中心地。モンキーフォレスト St. にタムロしているバリヤンキー達と夜の路上でギター片手にジョン・レノンを唄い続ける。バザールで仕入れた民族衣装を着てバイクで走り回りながら、手当たり次第に地元のお祭り&闘鶏場に乱入しまくる日々。

2. BALI *Mas&Gianyar

UBUD 近辺に点在する職人の村々。木彫りの工房と不思議なギャラリーの溢れるエリア。この街から南へ抜ける細道に並ぶバンブー工場に惚れる。滝壺にダイブする 50 メートルバンジージャンプでサヤカが半べそ。

3. BALI *Candidasa

東端にある静かな漁師の村。「小次郎」という名の怪しいバリ少年に導かれ、地元の漁師達と水中銃を片手に漁に出る。捕ってきたばかりのカラフルな魚達を喰った後、椰子から創った最悪の酒「トゥワック&アラック」を飲みまくり悪夢に酔う。その翌日、オレの中ではバリ随一のホテル「アマンキラ」で真夏の夜の夢に酔う。

4. BALI *Bongkasa

森の中の小さな村1。LEGAN で出逢った友人スサナの家で白黒テレビを見ながら夕食をご馳走になるが、あまりのグロテスクさに完食できず。ゴメンナサイ。

5. BALI *Cabe

森の中の小さな村2。LEGAN で出逢った友人スィトラの茶屋で老若男女入り交じって「椰子の実割り大会」をして遊ぶ。

6. LONBOK ISLAND *Sangigi

静かな田舎の島。特になにをするでもなく、ラジカセ片手にビーチのカフェでボケていた。バリ島からロンボク海峡を越える船の旅がサイコーだった。

7. SINGAPORE *City

東洋の神話はここから始まる、と言われた街。喰いまくり飲みまくりの日々。伝説のラッフルズ・ホテルで飲んだシンガポールスリングがマシーンで量産されているのを見て大失望&怒りのシャウト！ でも、港の屋台街クラーク・キーでの東洋風ジャズライブがオレを慰めてくれた。

8. MALAYSIA *Kuala Lumpur

マレーシアの首都。さまざまな民族と宗教が入り乱れているカオスシティ。ここのチャイナタウンはきっと世界一！ ハンパじゃなくうまいものが揃っている。「泥棒市」と呼ばれるガラクタマーケットも楽しい。

9. THAILAND *Phuket

メインのバトンビーチが死んでいたので、秘密のビーチを求めてバイクでビーチ・ジプシーの日々。極上のアイスパイナップルをかじりながら近辺の島をボート&カヤックで探索する。

10. THAILAND *Bangkok

世界のバックパッカーが集まるカオサンロードでフラフラ。やっぱりすごかったオカマのショー。そして、地元民に囲まれて狂うムエタイ。でも一番強烈だったのは豪雨による大洪水。乗っていたタクシーの車内にまで水が浸水してきたので大急ぎで飛び降り、濁流と化した道路をサヤカの手を引いて腰まで浸かりながら必死で帰った。まるで、タイタニック！

ROUTE&MEMORY***

INDONESIA, SINGAPORE, MALAYSIA, THAILAND, INDIA, NEPAL

11. INDIA *Calcutta

ある意味で一番インドらしいディープな都市。ちなみに気温は 44 度。故マザー・テレサが始めた「死を待つ人の家」「孤児の家」でのボランティアを手伝う日々。オレの中で何かがハジけた。宿で出逢ったインド放浪歴数十年の達人たちに楽しい話をいっぱい聞く。映画館もストーリーもお客も全てがメチャクチャなヒンドゥームービーに爆笑。

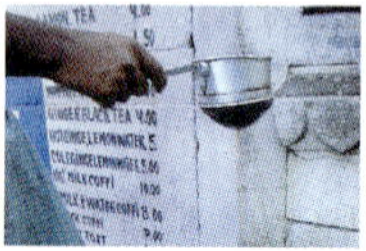

12. INDIA *Varanasi

聖なる河ガンジスの街。目の前で人間の焼かれるシーンになにを想う？　朝と夕に小舟に乗って河に出る以外は河岸の市場をフラフラするだけの日々。土色に濁るガンジスの水で創ったであろう「チャイ」（インド風ミルクティー。1杯6円）がトリップするほどうまい。

13. INDIA *Sunauli

ネパールとの国境の村。1泊 200 円の独房的地獄宿で犯罪者気分を味わう。ベッドで聴くトム・ウェイツとノミのジャンプの音が胸に浸みた。

14. NEPAL *Pokhara

ヒマラヤと湖の村。地元の子供達と釣りに出掛け、レワという巨大魚をゲット。バイクでチベット難民のキャンプに遊びに行っておばちゃん達と物々交換大会。村中が停電になったときだけに見られる神秘的な夜の風景〜山と湖を照らす数千本のキャンドルライト〜にブッ飛ぶ。

15. NEPAL *Kathmandu

ひと昔前までヒッピーのメッカだったネパールの首都。街中の全てが市場と言っていいほどに、変な店がズラーっと並んでいるので、歩き回るのが楽しい。路上には変な人もたくさんいるので、さらに歩き回るのが楽しい。

Vol. 2

"REAL"

Indonesia, Singapore, Malaysia, Thailand, India, Nepal

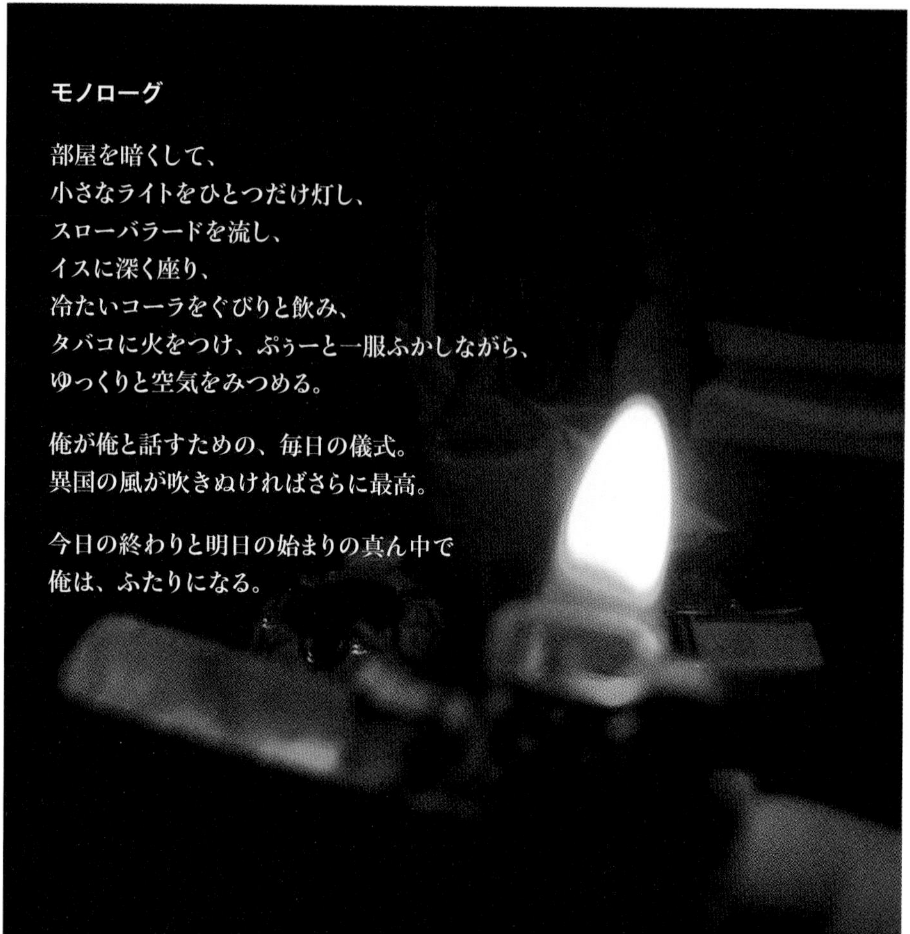

モノローグ

部屋を暗くして、
小さなライトをひとつだけ灯し、
スローバラードを流し、
イスに深く座り、
冷たいコーラをぐびりと飲み、
タバコに火をつけ、ぷぅーと一服ふかしながら、
ゆっくりと空気をみつめる。

俺が俺と話すための、毎日の儀式。
異国の風が吹きぬければさらに最高。

今日の終わりと明日の始まりの真ん中で
俺は、ふたりになる。

大きく見せようとせず、
大きくなりたいと願わず、
大きくなればいいだけだ。

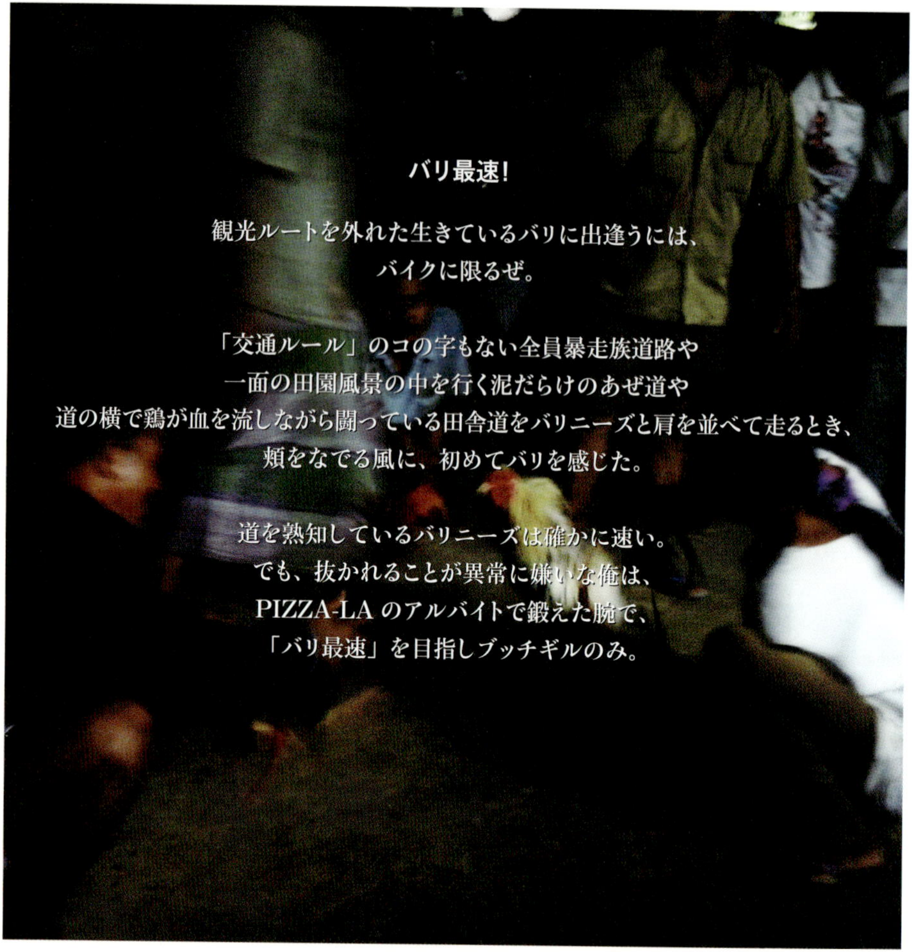

バリ最速!

観光ルートを外れた生きているバリに出逢うには、
バイクに限るぜ。

「交通ルール」のコの字もない全員暴走族道路や
一面の田園風景の中を行く泥だらけのあぜ道や
道の横で鶏が血を流しながら闘っている田舎道をバリニーズと肩を並べて走るとき、
頬をなでる風に、初めてバリを感じた。

道を熟知しているバリニーズは確かに速い。
でも、抜かれることが異常に嫌いな俺は、
PIZZA-LA のアルバイトで鍛えた腕で、
「バリ最速」を目指しブッチギルのみ。

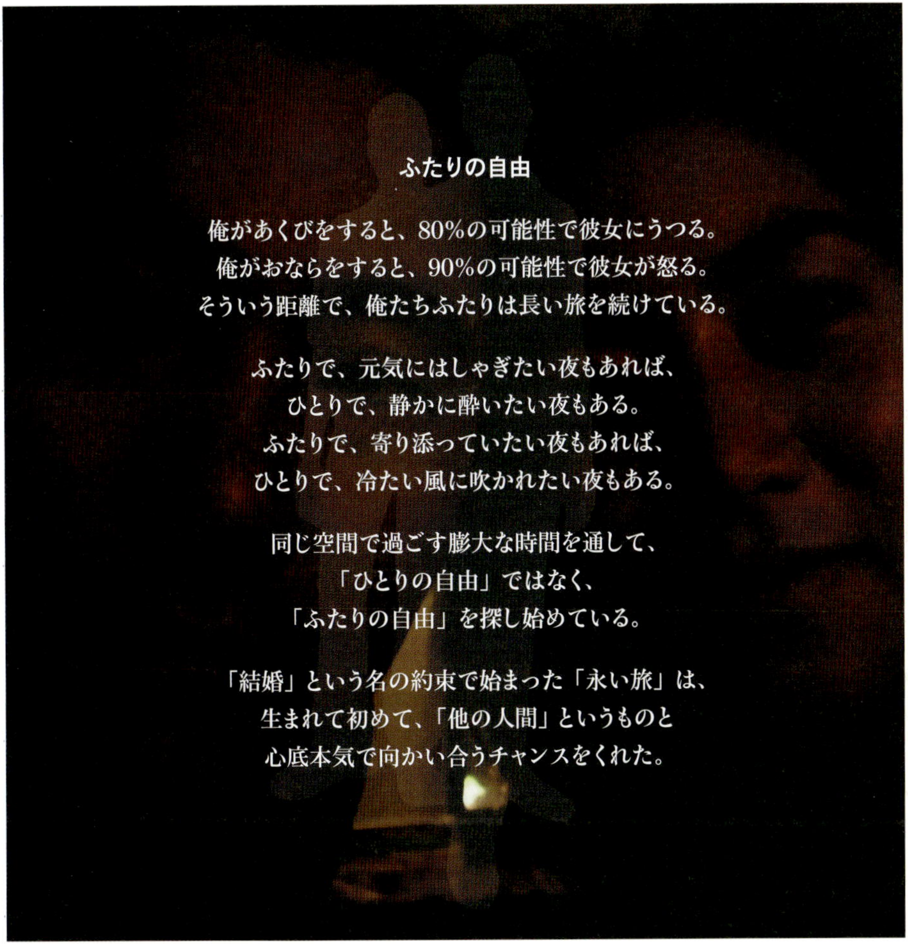

ふたりの自由

俺があくびをすると、80%の可能性で彼女にうつる。
俺がおならをすると、90%の可能性で彼女が怒る。
そういう距離で、俺たちふたりは長い旅を続けている。

ふたりで、元気にはしゃぎたい夜もあれば、
ひとりで、静かに酔いたい夜もある。
ふたりで、寄り添っていたい夜もあれば、
ひとりで、冷たい風に吹かれたい夜もある。

同じ空間で過ごす膨大な時間を通して、
「ひとりの自由」ではなく、
「ふたりの自由」を探し始めている。

「結婚」という名の約束で始まった「永い旅」は、
生まれて初めて、「他の人間」というものと
心底本気で向かい合うチャンスをくれた。

一生の大道楽

を見つけよう。

答えはいつもシンプル

「あんなこともあって、こんなこともあって、あっちもこうで、これなんてもっとひどくて、そうかと思えばこっちはこうで…いろいろ絡み合ってて複雑なのよ」
「へぇ〜。でもさぁ、要は、こういうこと?」
「う、うん。まぁ、簡単に言えば、そうなんだけどね」

複雑の中のシンプルを捕まえて、どんどん前進しようぜ。

アナタのココロのアパートの 301 号室は開いていますか？

オレへ手紙をくれる。
オレの書いた本を読んでくれる。
オレとふたりで酒を飲んでくれる。
………

今のところ、友情だか愛情だかなんて、わかんないけど、
ただ、オマエが「俺のためだけの時間」を持ってくれたことが、嬉しいんだ。

どんな役でもかまわない。
アナタの人生のストーリーに、俺を参加させて下さい。

ふふ〜ん

永い「旅」の途中。
不器用な俺たち。
失敗やトラブルや思い通りにいかないことは山ほどあるが、
不思議とブルーになることは一度もない。

どんな不運にみまわれても、すべてをど〜んと素直に受け止めて、
「まぁ、そんなこともあるんだね」って、ふふ〜んっと笑える強さを持ち続けたい。

ヒステリーは禁物。
微笑みこそ、チカラだから。

「収入のサイズ」で夢を見る。
「夢のサイズ」に収入を合わせる。

大事なのはサイズではなく、実現したときの感動であって、自分が幸せなら、
どっちでもステキだと想う。

方角を失った旅ほど、ワクワクするものはない。
方角を失った日常ほど、退屈なものはない。

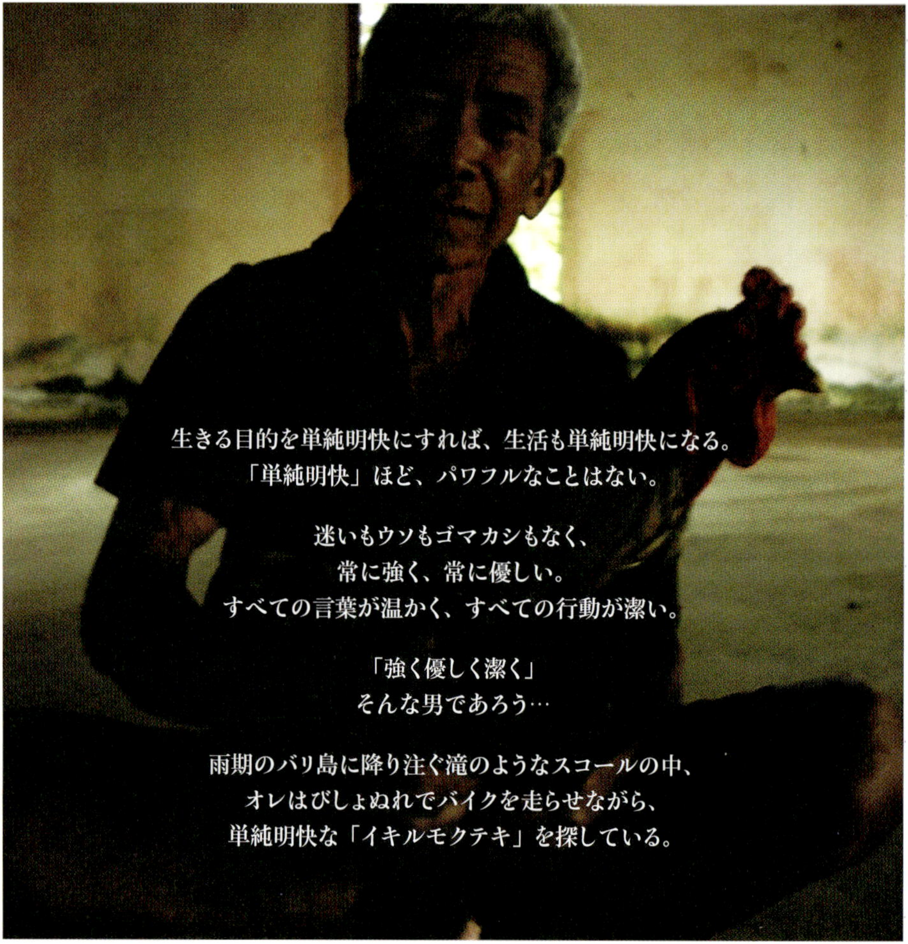

生きる目的を単純明快にすれば、生活も単純明快になる。
「単純明快」ほど、パワフルなことはない。

迷いもウソもゴマカシもなく、
常に強く、常に優しい。
すべての言葉が温かく、すべての行動が潔い。

「強く優しく潔く」
そんな男であろう…

雨期のバリ島に降り注ぐ滝のようなスコールの中、
オレはびしょぬれでバイクを走らせながら、
単純明快な「イキルモクテキ」を探している。

バリ・ウブドゥの夜

そこらに座り込み、ギターを弾いていると、
タトゥーだらけの腕にギターを抱えた若いバリニーズがぞろぞろ集まってくる。

車座になり、まずは握手。
オレがオリジナルのラブソングを唄い、彼らはジョン・レノンを唄う。
静まり返ったモンキー・フォレストに俺たちの唄声と蛙の鳴き声だけが響いている。

唄っては語り、語っては飲み、飲んでは唄う。
テーマは決まって女と夢で、手元には缶ビールとタバコが転がっている。

千葉のさびれた地下道で、湾岸ヤンキーと弾き語りをしていたときと、なにも変わらない。
路上の夜は、人を裸にする。

ギター教本など買えず、テープを擦り切れるほど聴いて練習したというNYOMAN。
彼の唄う「JEALOUS GAY」は、史上サイコーに胸にしみるぜ。

ここがちがうね、より、ここがにてるね、でいこう。

失敗が恥なんじゃない。
失敗によってエネルギーを失ってしまうことが恥なんだ。

ASIA の片隅で

頼りない地図を片手に小さな村々をバイクでさまよう。
市場の片隅で、路上の屋台で、お祭りの縁日で…
バリニーズの日常に潜り込み、お互いにたどたどしい英語を駆使した世間話に花が咲く。

「アジアの一員として、世界のトップレベルにある日本という国の経済発展を誇りに思う」
「確かに、日本人をマネーマシーンとしか見ない人もいるけど、オレは同じアジアの一員として日本人に特別の親近感があるよ」
「アジアの一員として、NAKATA という日本人がイタリアで活躍してくれているのは、オレにとっても嬉しいんだ」
意外にも、そんな言葉を良く聞く。
特に若い奴らの日本へのオモイは、アツイものがある。
新鮮な驚きだ。

「アジアの一員として…かぁ」
オレは、生まれて初めて、自分が「アジア人」であることを意識した。
「人間はみな本質的には同じ。 西洋も東洋もあるか」という気持ちもある反面、
「オレはアジア人である」というフィーリングが、妙に心の奥でピンとくるのは、
なぜなんだろう？

LUX
LUX
LUX
LUX

「ナンバーワン！」じゃなくても、「オンリーワン！」じゃなくても、
自分の道を胸を張って

歩きたい道を歩いていけばいい。
道には優劣などない。

要はどれだけ究めたか。
孤独に、地道に、ひたすらに、何かを究めようとする姿こそ、
人間の一番美しくかっこいい姿だ。

八百屋でもサラリーマンでもデザイナーでも政治家でも…
そう、職種など全く関係ない。

「オレはコレだ！」とでっかい旗を掲げ、
たくさんの小さな幸せを生み出しながら、
自分なりの王道をずんずんと進めばいい。

自分の道。
胸を張って歩こうぜ。

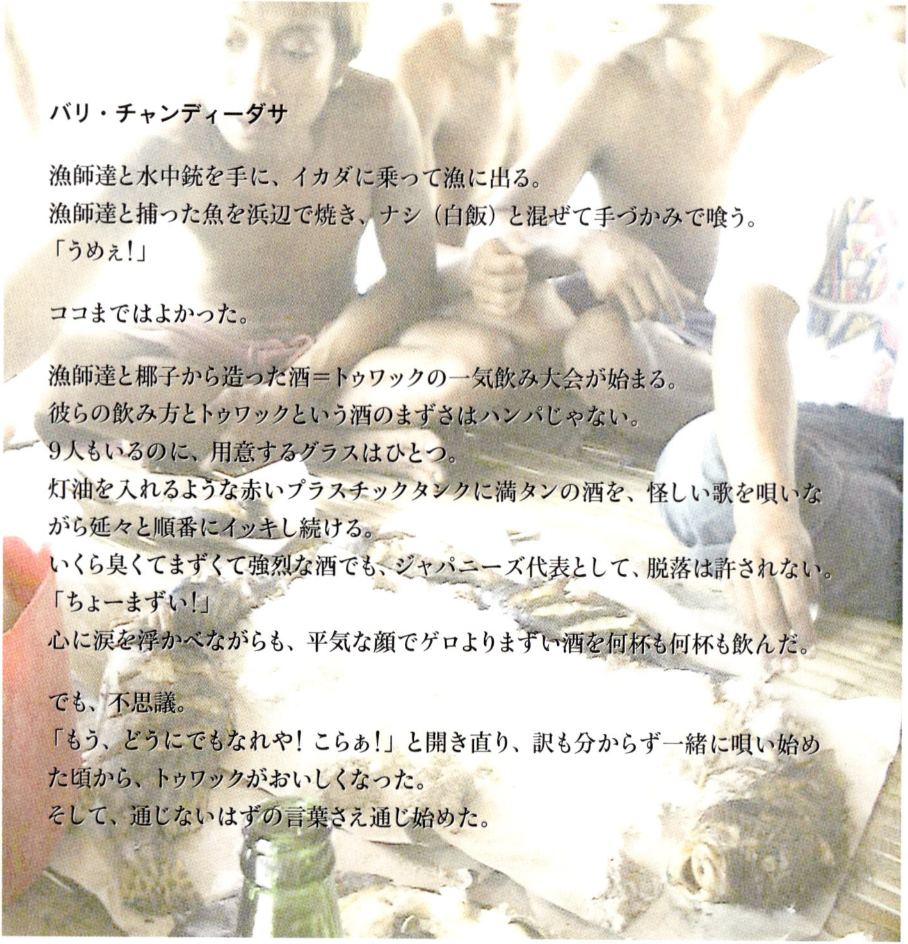

バリ・チャンディーダサ

漁師達と水中銃を手に、イカダに乗って漁に出る。
漁師達と捕った魚を浜辺で焼き、ナシ（白飯）と混ぜて手づかみで喰う。
「うめぇ！」

ココまではよかった。

漁師達と椰子から造った酒＝トゥワックの一気飲み大会が始まる。
彼らの飲み方とトゥワックという酒のまずさはハンパじゃない。
9人もいるのに、用意するグラスはひとつ。
灯油を入れるような赤いプラスチックタンクに満タンの酒を、怪しい歌を唄いながら延々と順番にイッキし続ける。
いくら臭くてまずくて強烈な酒でも、ジャパニーズ代表として、脱落は許されない。
「ちょーまずい！」
心に涙を浮かべながらも、平気な顔でゲロよりまずい酒を何杯も何杯も飲んだ。

でも、不思議。
「もう、どうにでもなれや！ こらぁ！」と開き直り、訳も分からず一緒に唄い始めた頃から、トゥワックがおいしくなった。
そして、通じないはずの言葉さえ通じ始めた。

笑い声と波の音に包まれて
俺達は、確かに「マブダチ」になった。

この旅を通して痛感していることだが、
人間が人種を超えて感じ合うための最高の扉は、
やっぱり「音楽」と「酒」らしい。

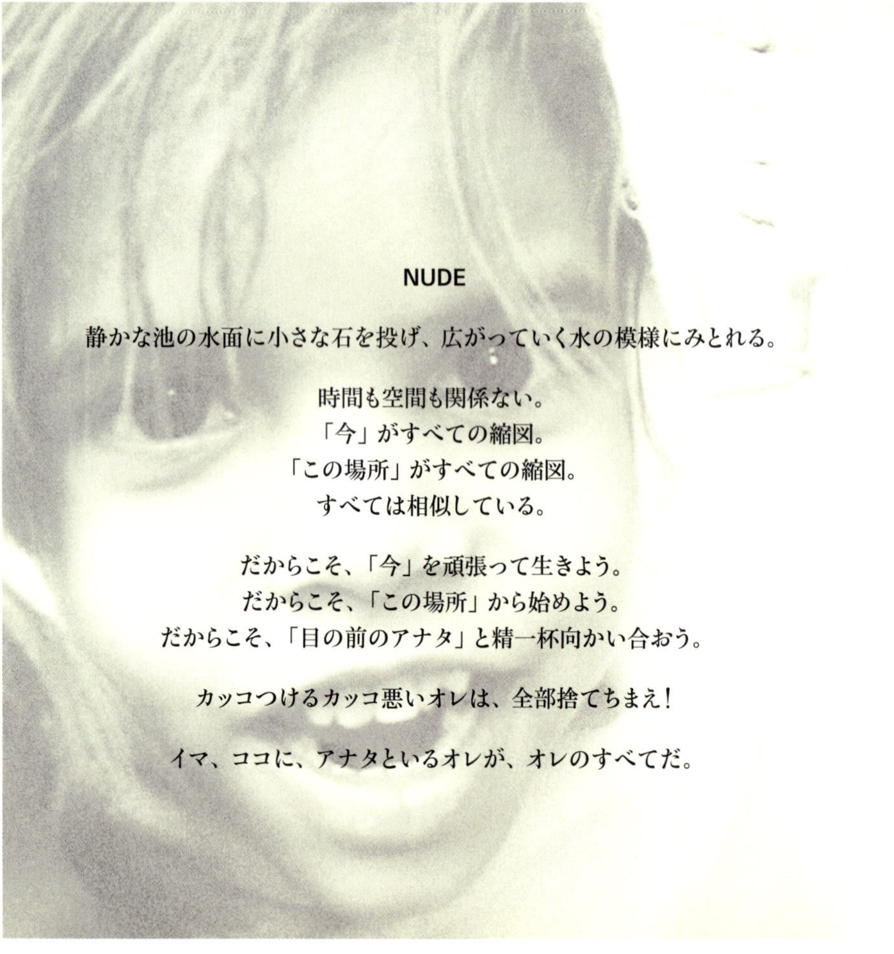

NUDE

静かな池の水面に小さな石を投げ、広がっていく水の模様にみとれる。

時間も空間も関係ない。
「今」がすべての縮図。
「この場所」がすべての縮図。
すべては相似している。

だからこそ、「今」を頑張って生きよう。
だからこそ、「この場所」から始めよう。
だからこそ、「目の前のアナタ」と精一杯向かい合おう。

カッコつけるカッコ悪いオレは、全部捨てちまえ!

イマ、ココに、アナタといるオレが、オレのすべてだ。

「その人の幸せ」応援隊

大自然で、大都会で、いろんな人々の「性格」に触れる。

人間には､大きく分けると「農耕民族的な人」と「狩猟民族的な人」がいるんだ、って想った。

農耕の世界には「仕事が出来る、出来ない」といったような、せちがらい人物評価基準はない。
穏やかに繰り返される、ささやかな楽しい毎日が美徳。
狩猟の世界では、それぞれが全体の目標のために役割分担し、その組織を最も有効に動かすためにリーダーが生まれる。こういう世界では、人間の有能無能が問われるし、毎日が勝負の連続で、当然、勝つことが美徳になる。

もちろん、優劣はない。
それぞれに幸せのカタチがある。

そう考えると、今までの超狩猟的なオレは、その人の性格を見ようとせず、農耕的な人を無理矢理に狩猟的な世界に引きずり込み、「デキル、デキナイ」という評価基準にのせ、苦しめていた気がしないでもない。

オレ自身は、相変わらず超狩猟的な世界を生き続けていこうと想うが、
この旅に出掛けたことで、初めて、農耕的な世界を受け入れる心の幅を持てた自分を感じて、最近、妙に嬉しいんだ。

ユメゴコロ　コイゴコロ　アソビゴコロ

オレの場合、この3つのココロが、いつもHAPPYのはじまり。

優しさを求めるか、強さを求めるか。
どちらでもいい。
自分にあった方を究めていけばいい。
きっと、優しさと強さは比例している。

SAILING

ロンボク海峡を越え、ロンボク島へ向かう。

超快晴。 視界良好。
船に乗ると、「旅してるぜ!」って気分が盛り上がる。

甲板に出て、バックパッカーズギターを手に思わず加山雄三を唄うオレを、
不思議そうな眼でインドネシアンたちがみつめてる。

しばらくすると、数人が寄ってきて、勝手にハモり始めた。
(おいおい! 加山雄三をハモるな! しかもキーが違う!)

インドネシアでは、ずっとこの調子。
この民族の人なつっこさは、 イイ意味でウザイ。

書を持って旅に出よう！

シンガポールは、圧倒的に夜がイイ。
明るいうちはドラキュラの如く、街角のイケてるカフェに潜み、
ハイティーを飲みながら静かに本を読んで過ごしてる。

でも、旅に出てからのオレは、本を読みっぱなしにしなくなった。

まず、ゆっくりとかみしめながら読み、
次に、書いた人のスピリッツを感じながらメモを取り、
最後に、もう一度味わいながら深く読む。

１冊、１冊をタレ流さず
１冊、１冊と深くつきあうようになった。
著者がこの本に懸けたエネルギーに。

今までは、本から瞬間的な感動を得ていたが、
今は、本から永い人生を得ている気がする。

ぐびぐびぐびぐびぐびー。
ほんっと、コーラだけは、どこの国に行ってもおいしいんだよねぇ。
オレは、心から想う。

「コーラ、偉大なり」って。

オレノカタチ

右手に釣り竿、左手にギターを持ち、
颯爽とバイクにまたがり、いくつもの風を運ぶ。

武士の潔さを愛し、サヤカを愛し、
世界中の馬鹿野郎たちを愛す。

強い優しさを。
優しい強さを。
そして、いつもココロにピカチューを。

なにしよっかなぁ…

船に乗り、鉄道に乗り、バスに乗り、
島から島へ、街から街へ、村から村へ、
通貨も、言葉も、気温も、食べ物も、めまぐるしく変わっていく。
繰り返しのない変化の連続が、妙に心地イイ。

旅の途中、たまにふっとココロに訪れる想い。
「この世界大冒険が終わって、日本に帰ったら、なにしよっかなぁ…」

オレは旅を続けながら、世界中の空を見上げ、
単純明快なイキルモクテキを探している。

急ぐことはない。
今すぐ、答えを求める必要はない。

今は、ただの素浪人として、
乾いたスポンジが水を吸収するように、
カラダ全体であらゆることを吸収すればいい。

答えは、「そのとき」が来れば、水のように溢れ出してくるはず。

たっぷりと水を含んで帰って、
JAPANを大洪水にしてやるぜぃ。

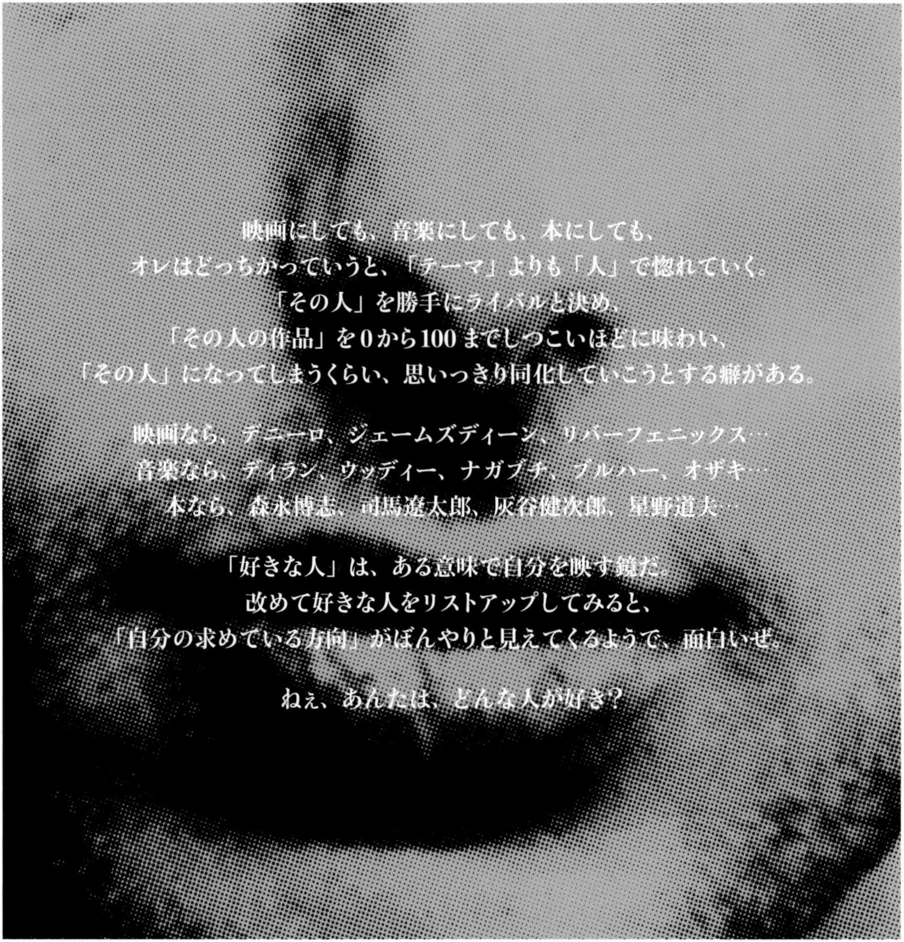

映画にしても、音楽にしても、本にしても、
オレはどっちかっていうと、「テーマ」よりも「人」で惚れていく。
「その人」を勝手にライバルと決め、
「その人の作品」を0から100までしつこいほどに味わい、
「その人」になってしまうくらい、思いっきり同化していこうとする癖がある。

映画なら、デニーロ、ジェームズディーン、リバーフェニックス…
音楽なら、ディラン、ウッディー、ナガブチ、ブルハー、オザキ…
本なら、森永博志、司馬遼太郎、灰谷健次郎、星野道夫…

「好きな人」は、ある意味で自分を映す鏡だ。
改めて好きな人をリストアップしてみると、
「自分の求めている方向」がぼんやりと見えてくるようで、面白いぜ。

ねぇ、あんたは、どんな人が好き？

他人のことに一生懸命になっているときのキミは、超かわいい。
他人の悪口を言っているときのキミは、ややブス。

「自分のココロに、どれだけ自分以外の人間が住んでいるか」
これは、 オレの生きるテーマのひとつなんだ。

どこでも泊まってみよう!

王様になったり、原始人になったり…

1泊10万円の超高級な伝説のホテルから、
1泊200円の超低級サバイバルドミトリーまで、
とにかく、いろんな宿を体験している。

いくら「世界大冒険!」なんて言っても、
新婚の俺たちにとって、アジアの安宿はかなり強烈。
エアコン? テレビ? 冷蔵庫? シャワー? 便器? なにそれ?ってかんじ。
アリンコや蚊なんて当然、カエルは来るわ、物売りは乱入して来るわで、もう大変。

でも、天井をスルスルと歩く七色のトカゲを見て、
「見て見て、あのトカゲかわいいね」とサヤカ。

よかった、ブルーになってないみたい。
銀座OL出身のサヤカは、意外とハングリーです。

DOUBLE FACE

何かを実現しようと決意したとき、
オレはタカハシアユムをふたつに分ける。

最初に活躍する「考えるタカハシアユム」は、
地味でマジメな左脳くん。
人・雑誌・本などからあらゆる情報を集め、
得意のノートパソコンVAIOを片手に、
ひとり静かにリアリティを感じながら、
最高の作戦を納得するまで繰り返し繰り返し練り上げていく。

作戦が決まった後の「行動するタカハシアユム」は、
派手でイケイケな右脳くん。
東西南北疾風怒濤アクセル全開雷神風神の如く、
どんな困難があっても、
気合いと魂と直観と超無理矢理的ポジティブシンキングで乗り越えていく。

でも、正直言ってコレは理想像で、
「考えるタカハシアユム」は、
作戦を思いつかずに現実逃避をすることもあるし、
「行動するタカハシアユム」は、
言い訳をしながらあきらめてしまうこともある。

ただ、何事も「深く速く」実現したいなら、
まずは自分をふたりに分け、それぞれを鍛えていくとやりやすいぜ。

ALL IS ONE

1万人が「いいんじゃない」と誉めてくれることより、
ひとりが本気で泣いてくれることに、「ホント」があったりする。

1万人に「ばかじゃないの」と笑われても、
ひとりが本気で応援してくれれば、続けていける。

ひとりを愛せない人に、地球は愛せない。
「ひとり」と「ひとり」の関係から、すべてのストーリーは始まっていく。

22世紀以降の歴史家たちのために一句

「鳴かぬなら　殺してしまえ　ほととぎす」　織田信長

「鳴かぬなら　鳴かせてみせよう　ほととぎす」　豊臣秀吉

「鳴かぬなら　鳴くまで待とう　ほととぎす」　徳川家康

「鳴かぬなら　一緒に鳴こうぜ！　ほととぎす」　たかはしあゆむ

ウソの上にも３年？

水源が濁っている川から、きれいな流れが期待できないように、
「自分にウソをつくこと」から始まってしまったライフストーリーは、
決してハッピーエンドにならない。

違う！と思うなら、やめることから始めよう！
「入ってしまった職場」からドロップアウトすることで、本当の冒険が始まる。
「つきあってしまった恋人」からランナウェイすることで、本当の愛が始まる。

「3年は我慢してみる」と言っていられるほど、人生は永くない。

#001

「アユム脳細胞研究室」の発見した法則：1

「人間の脳細胞は、イイことばっかりしてると、ワルイことのやり方を忘れる!」

アユム脳細胞研究室

「脳細胞をおもいっきり興奮させた直後に、シーンとした静寂に入ると、インスピの扉が開いてナイスアイデアが流れ込んでくる!」

「アユム脳細胞研究室」の発見した法則：2

#002

カオサン・ロードにて

世界中のバックパッカー達のクロスロード、バンコクのカオサン・ロード。
安宿とカフェと旅行代理店が並び、道には怪しい屋台が溢れている。
アジアを漂う旅人達は、この通りで出逢い、物語を交換し、また旅立っていく。

カオサン・ロードの旅行代理店に行くと、楽しい。
そこら中で、
「カトマンドゥからデリーに寄ってニューヨークへ帰りたいんだ」
「プノンペンからサイゴンへの長距離バスってある?」
「チェンマイには、ホントに首長族いるんですか?」
「ジャカルタ経由でシドニーへのチケットはいくらですか? バリにも寄れますか?」
なんて、ワクワクするようなワールドワイドな会話が飛び交ってる。
顔なじみになったノップさんの口癖どおり、
「ガイドブックなんていらねぇ。プランもいらねぇ。アジアの旅なんていうのは、
カオサン・ロードに来てから、どこ行くか決めりゃいいんだよ」ってノリ。

なんかこの通りの雰囲気が好きで、路上に座ってぷかぷかタバコを吹かしていると、いろんな奴が気軽に話しかけてくる。
「日本人?」
「うん。アンタは?」
「オレ? イギリス。アレックスっていうんだ」
「オレ、アユム。よろしく」
(握手)

「アユーム、どのくらい旅してんの?」
「今、4ヶ月くらいかな」
「結構長いねぇ。なんか目的みたいなもんあるの?」
「いや～、別に。せっかく地球に生まれたんだし、面白いところ全部見ないともったいねぇなぁ～と思ってさ」
「賛成!」
「アレックスは、どんなルートで旅してんの?…」
そんな調子で、たわいもない会話が始まる。

それにしても、ラリった瞳でボケーっとしてる奴の多いこと、多いこと。
マリファナ色に染まる旅人たちのクロスロードでは、
いろんな意味で、ヘブンズ・ドアが君を待ってるぜ。

LIFEWORKS

100以上の島々が浮かぶタイ・バンガー湾。
晴れ渡る青空の下、ボートで静かな海を漂い、いくつかの島に上陸を繰り返す楽しい小冒険。

一緒にボートに乗ったカーネルサンダース風おじさんは、よっこらしょっとオレの隣に腰掛け、突然、質問を発した。

「アンタのライフワークはなんだい?」

名前でも、年齢でも、国籍でも、職業でもなく、このおじさんは「ライフワーク」を最初に聴いた。

ライフワーク…
自分の一生をかけて追いかけるテーマ。
好きな方法で、好きなペースで、大好きなことを自分なりに究めていく作業。
もちろんテーマは、ペットの研究から宇宙の神秘まで、大小問わず何でもあり。

「正直言って、ライフワークなんて考えたことなかったなぁ。まぁ、今考えると…オレのライフワークは…『強くて優しくてビッグな男の研究』ってとこかなぁ」

オレの答えに、カーネルはうんうんとうなずいて微笑するだけだった。
（やべぇ、もっと具体的に言った方がよかったかなぁ）なんて思ったりもしたが、
オレも彼に聴いてみた。

「アナタのライフワークは、なんですか？」

そしたらカーネルはひとこと、
「HUMAN BEING」だって。

オイオイ、オレより漠然としてんじゃねぇかよ、こら！

I am JAPANESE!

大好きな恋人の過去を知りたいように、
日本人の過去を知りたい。

「日本」の歴史は、教科書のニオイがするが、
「日本人」の歴史は、痛く、とっても優しい。

オレが言うのもなんだが、
日本人は、イイこともワルいこともいっぱいいっぱいしてきた。
今、生きている人だけじゃない。
今までに亡くなった無数の人達の創り上げた「場所」に、
オレ達は生活しているという紛れもないリアル。

だからなんだっていう訳じゃない。
ただ、世界を旅しながら、
「自分が日本人であること」に、胸を張って生きていきたいと思ったんだ。

この本を創るために写真を撮ることになった。
今までは、「旅にカメラなんていらねぇ。すべては心のフィルムに焼き付けておけばいい」なんてカッコつけて言ってたけど、撮ってみると結構面白いんだよ、これが。
「記録した」ものは全部ダメで、「感じた」ものは全部イイ。
そんな写真の持つ正直さが、すごく気に入っている。

重い機材を持ち歩くのも嫌だし、撮影を中心にした旅をする気はないけど、小さなデジカメを片手に、俺の目に映った「いいじゃん!」っていう場面をなるべく残していこうと思ってる。

ニヘイアキラへの手紙

オッス！　ガンバってっか！
ちょっとマジにオモイを伝えたくなったんで、手紙を書いたよ。
「ビジネスパートナー」なんて言うよりは「仲間」として一緒にがんばった3年間、オレは他人の心配ばっかりしすぎていつも辛そうにしているオマエを、「優しくしすぎるのはそいつを甘えさせるだけだ。他人の自立を妨げるな。オマエはまず、自分のやるべきことをカタチにしろよ！」などという残酷きわまりない言葉で責めたことが何度かあったね。そのたびに、オマエは何とも言えない顔をしてた。
今、静かな時間の流れの中で「本当に大切なもの」について考えれば考えるほど、オマエの偉大さを改めて実感しているよ。
きっと、オマエみたいなイイヤツほど、勝手な人間になれないから、辛くて悲しいんだってこと、今になって気づくよ。
オレたちはスーパーハードな時間の中で、数多くの感動を体験したけど、数多くのことを犠牲にしてきた。特に、オレ自身は「リーダー」というやっかいな役割の名において、全体のスピードを意識するあまり、ココロの中にうずいていた小さな優しさをずいぶん切り捨ててきた。リーダーであるまえに人間なんだってことを、忘れていた。
「他人のハッピーを手伝うというオレのハッピー」
他人に10年間説教されても気づきそうにないことを、オレはオマエとの日々によって学んだ。
成長の糧をありがとう。
これからもよろしく！

あるヒッピーの語った「LIFE OF SOME ISLAND 〜ある島の物語〜」

地球の鼓動によって「島」が生まれた。
地元の漁師達が魚を求めて、島に住み着いた。
ヒッピー達がマリファナを求めて、島に住み着いた。
サーファー達が波を求めて、島に住み着いた。
自然発生的に小さなカフェと宿がポツポツと生まれた。
旅の玄人達が通い始めた。
どこかのバカが「ガイドブック」で紹介した。
観光客が訪れ始めた。
漁師はおびえ、ヒッピーやサーファーは島を去っていった。
大手のホテルやおみやげショップがボンボン出来た。
観光客が怒濤のように押し寄せた。
地元民はそろって生活を変え、文化を捨て、儲かる観光客相手の商売を始めた。
島は汚れ、人間を含めた全ての動物と植物の生態系までもが変わってしまった。
「島」は、死んだ。

観客がいない舞台で、どれだけかっこよく踊れるか。

THE VOICE

「神」といってもいい。
「天」といってもいい。
「風」といってもいい。
「なにか人間の存在を超えた大きなもの」といってもいい。
カタチはどうであれ、 方法はどうであれ、
竜馬も西郷もレノンもディランもセナもジミーも…
オレの憧れる「かっこいい生き方をした奴ら」は、
みんな「その偉大なるもの」の声を聴いた。

「オマエは～～をするために生まれてきたんだ」
彼らの人生は、 そのコトバを聴いたときから、 あきらかに変わっている。

オレは、 いったいなにをするために生まれてきたんだぁー!
もう少しで、 聴こえそうなのに…

カミサマ、 じらさないで。
もうそろそろ「オレの使命」を教えて下さい。

霧が晴れたら

ウソもハッタリもゴマカシもタテマエもミセカケもウワサも
ヴァーチャルもシンクロニシティーもポジティブシンキングも…

もうたくさんだ。

「鮮烈なリアル」を感じることからのスタート。

日曜日ではなく卒業を

旅に出て、鍵をみつけた。
その鍵で、ココロの中に眠っていた宝箱をどんどん開け、
中に入ってた「虎の巻」を片っ端から読みまくっているような毎日。

「生活の中で繰り返される小刻みなフリータイム」には、休息があるのみだった。
宝箱の鍵は「達成後に創った膨大なフリータイム」に落ちていた。

日曜日ではなく、卒業が欲しかったんだ。

哀愁より革命を

原始時代の方が人間は幸せだった?
科学の進歩の先には破滅しかない?
古き良き時代を思いだす?
子供の頃の純情を取り戻そう?

そんなこと言ってたって、なにもはじまんねぇ。
時代は歩いていく。
俺たちは成長し続ける。

「原点」に帰るのではなく、
今いる場所に踏ん張り、この迷路を突破して、
「新しい原点」を見つけるのだ。

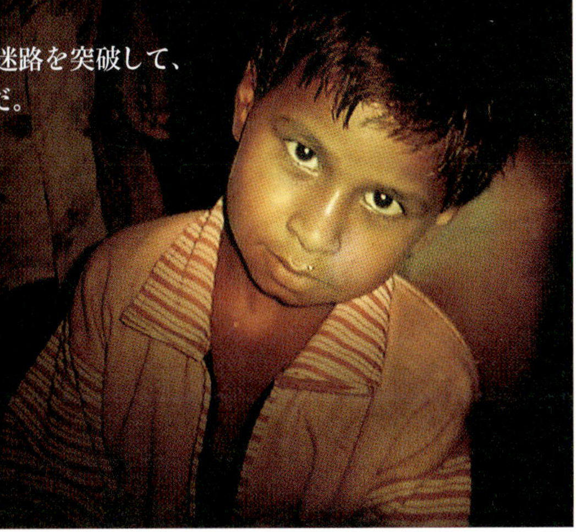

オレとオマエのほにゃらら

演技しなくていい。
テンションをあげなくっていい。

ほにゃっとしたふつうのオマエを見せてくれ。
ほにゃっとしたふつうのオレを見せるから。

要は「オレとオマエ」であって、
ひとつふたつの言葉や行動で、
オマエを判断しやしないさ。

オレは審査員じゃない。
トモダチなんだぜ。

以下の詩に自分でメロディーをつけて唄ってみましょう

♪ つまんなかったら　やめりゃいいじゃん
♪ おもしろかったら　つづけりゃいいじゃん
♪ なんでもいっかい　やってみりゃいいじゃ〜ん

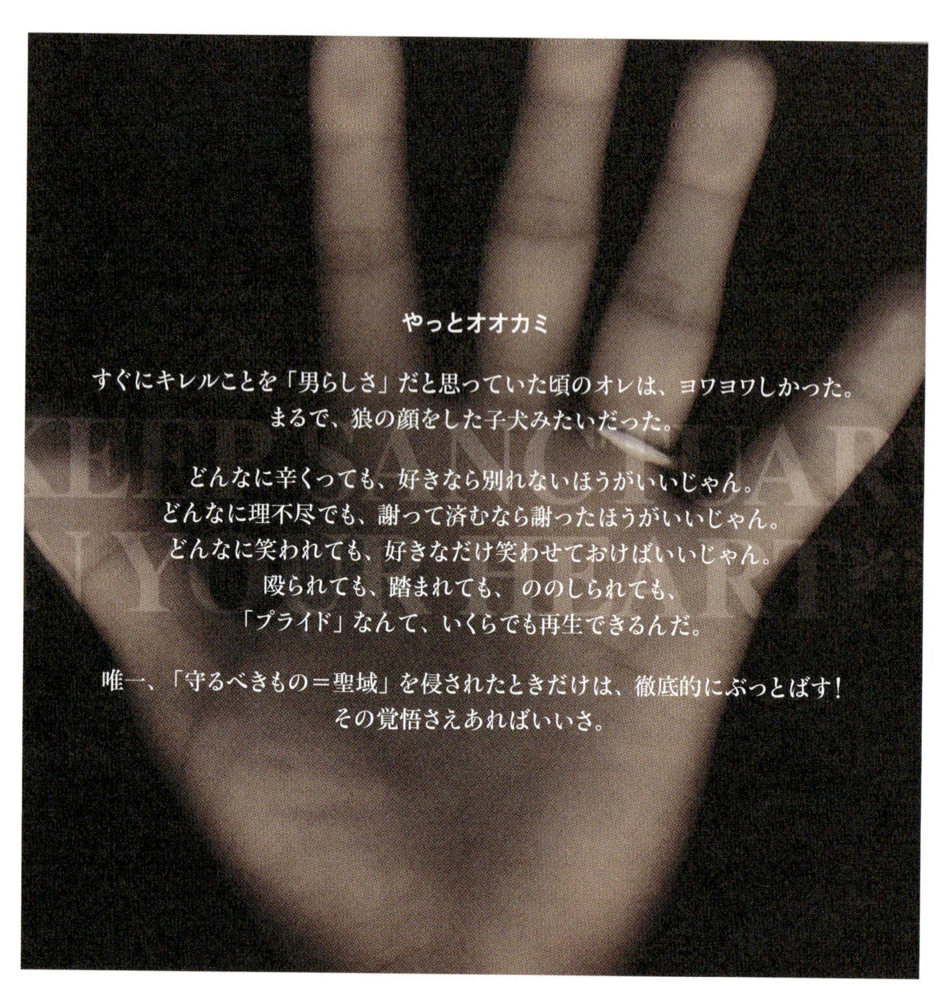

やっとオオカミ

すぐにキレルことを「男らしさ」だと思っていた頃のオレは、ヨワヨワしかった。
まるで、狼の顔をした子犬みたいだった。

どんなに辛くっても、好きなら別れないほうがいいじゃん。
どんなに理不尽でも、謝って済むなら謝ったほうがいいじゃん。
どんなに笑われても、好きなだけ笑わせておけばいいじゃん。
殴られても、踏まれても、ののしられても、
「プライド」なんて、いくらでも再生できるんだ。

唯一、「守るべきもの＝聖域」を侵されたときだけは、徹底的にぶっとばす！
その覚悟さえあればいいさ。

コタツで死ぬな

――人生は、計画できるほど単純じゃない。
未来は、約束を守ってくれるほど律儀じゃない。
でも、言葉に出来ないアツイオモイだけは、決してウソをつかない。

「今、自分を呼んでいる場所へ」

居心地の悪くない部屋を出て、フィールドへ飛び出そう。
俺たちは、風の中で全てを知っていくんだから。

ある午後の風景

バンコクのタクシー運チャンは、よく道に迷う。
迷うと、車を路肩に止め、そこら辺にいる人々に聞いてまわる。
「どうした、どうした」なんてノリで、暇そうな人々がどんどん集まってきて、みんなで輪になって話し始める。
「オマエ、そこはこっちなんじゃないかい」
「いやいや、その交差点は工事中だったぜ」
「オレ、そこ知ってるぜ！ でも、ちと遠いなぁ～」
「みんな知らないだろ～。こっちの方が近道なんだよねぇ～」
「オマエ、いい加減なこと言うなよ！」
「へへへ」
仕事そっちのけで、いつ終わるともわからない雑談に花を咲かせ始めちゃう。
まるで子供達が、宝探しの計画を立てているような雰囲気で、とっても楽しそうなんだ。

すっごくココロが和む風景なんだけど…
メーターは、ちゃんと止めようね。

偉大なる作品は、 彼女の寝顔によって生まれる。

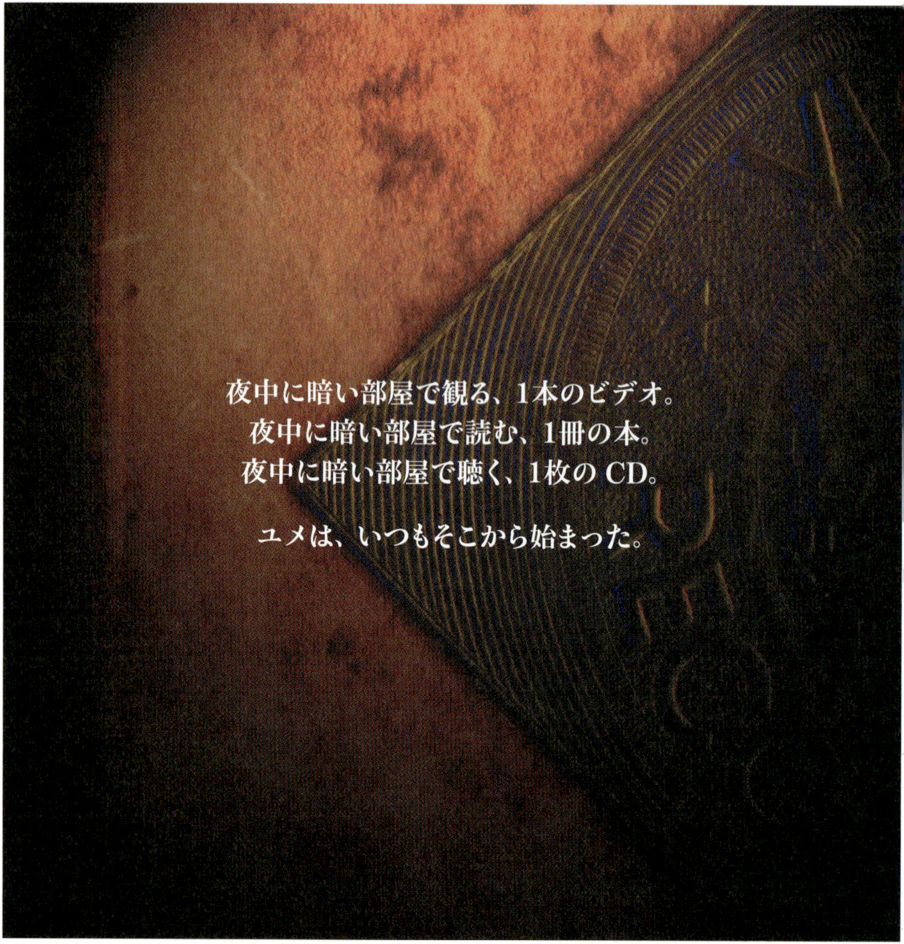

夜中に暗い部屋で観る、1本のビデオ。
夜中に暗い部屋で読む、1冊の本。
夜中に暗い部屋で聴く、1枚の CD。

ユメは、いつもそこから始まった。

言葉に優しさをのせて

言葉は透明なナイフみたいだ。
人間は、言葉だけで他人を殺すことさえ出来るかもしれない。

（そんなつもりで言ったんじゃないのに…）
オレの何気ない言葉によって強烈に傷つけられ、
真っ赤な血を流しているアイツのココロを見たとき、
ゾーッとして寒気がした。

何気ない言葉こそ、
優しくゆっくりと刻んでいかなければ。

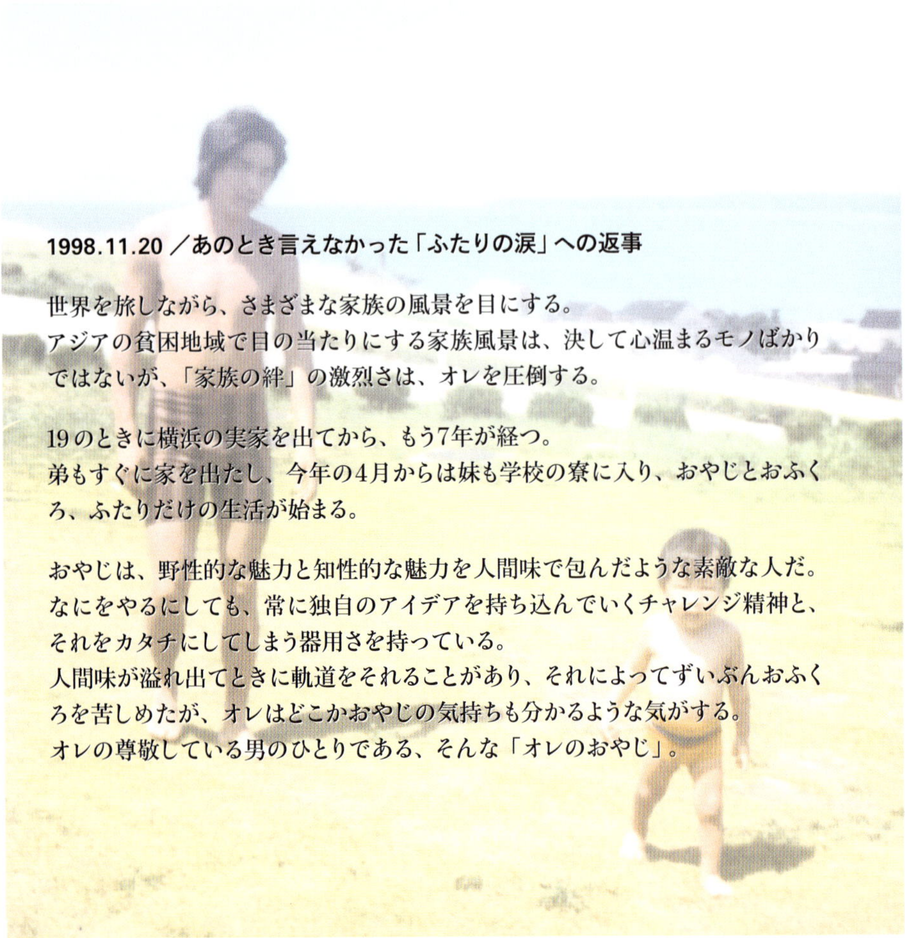

1998.11.20 ／あのとき言えなかった「ふたりの涙」への返事

世界を旅しながら、さまざまな家族の風景を目にする。
アジアの貧困地域で目の当たりにする家族風景は、決して心温まるモノばかりではないが、「家族の絆」の激烈さは、オレを圧倒する。

19のときに横浜の実家を出てから、もう7年が経つ。
弟もすぐに家を出たし、今年の4月からは妹も学校の寮に入り、おやじとおふくろ、ふたりだけの生活が始まる。

おやじは、野性的な魅力と知性的な魅力を人間味で包んだような素敵な人だ。
なにをやるにしても、常に独自のアイデアを持ち込んでいくチャレンジ精神と、それをカタチにしてしまう器用さを持っている。
人間味が溢れ出てときに軌道をそれることがあり、それによってずいぶんおふくろを苦しめたが、オレはどこかおやじの気持ちも分かるような気がする。
オレの尊敬している男のひとりである、そんな「オレのおやじ」。

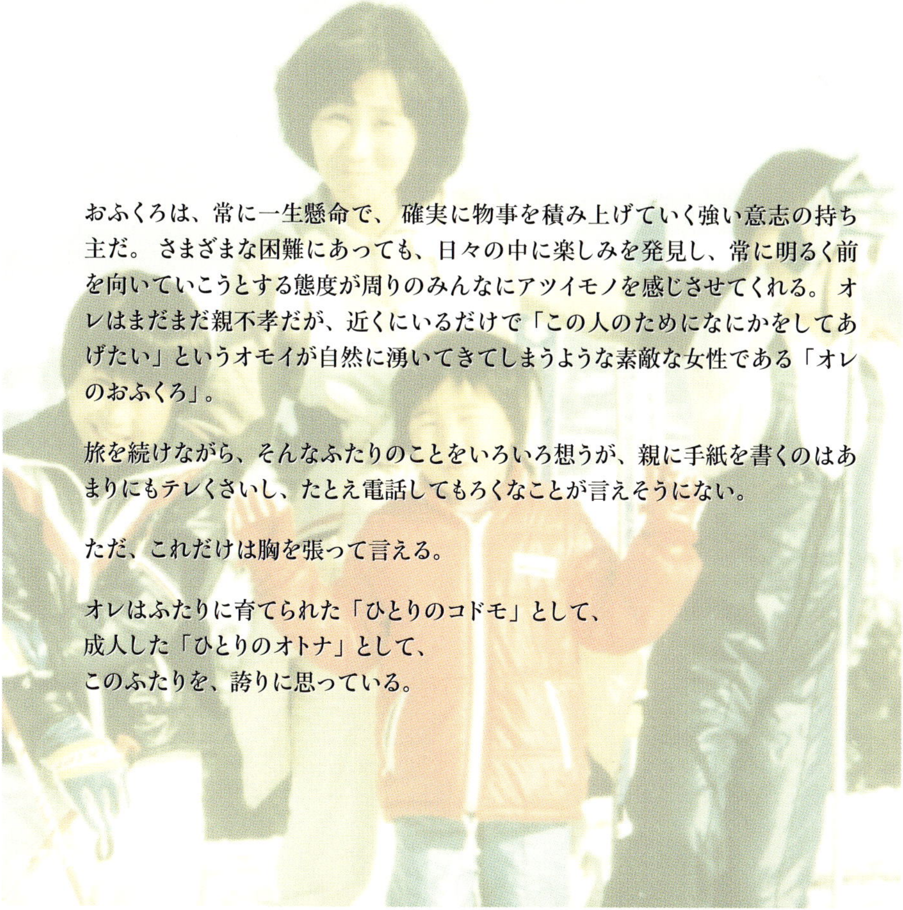

おふくろは、常に一生懸命で、確実に物事を積み上げていく強い意志の持ち主だ。さまざまな困難にあっても、日々の中に楽しみを発見し、常に明るく前を向いていこうとする態度が周りのみんなにアツイモノを感じさせてくれる。オレはまだまだ親不孝だが、近くにいるだけで「この人のためになにかをしてあげたい」というオモイが自然に湧いてきてしまうような素敵な女性である「オレのおふくろ」。

旅を続けながら、そんなふたりのことをいろいろ想うが、親に手紙を書くのはあまりにもテレくさいし、たとえ電話してもろくなことが言えそうにない。

ただ、これだけは胸を張って言える。

オレはふたりに育てられた「ひとりのコドモ」として、
成人した「ひとりのオトナ」として、
このふたりを、誇りに思っている。

でっかい花

ゆっくりやりてぇなら、胸張ってゆっくりやろうぜ。
ぶらぶらしたけりゃ、飽きるまでぶらぶらしようぜ。
ココロに引っかかることがあるなら、
納得できるまで遠回りしようぜ。
「年相応の世間体」なんて気にしてたら、
自分を小さくするばかり。
「人生」とは、生まれてから死ぬまでの全ての期間をさすんだ。

「人生、男子は一事を成せば足る」
いつか、死んじまう日がくる前に、
一回でもいい、一瞬でもいい、
命を精一杯輝かせた、
でっかい花、咲かそうな。

愛狂
妻たちへ
夫は、批判の対象ではなく、
愛情の対象であって欲しいん
ですが…

IN THE CALCUTTA　〜 PROLOGUE

インド・カルカッタの路上に立ち、オレはなにもできない。

生きているのか、死んでいるのかもわからない様子で、泥だらけの地面にうつぶせに倒れているやせ細ったおばあちゃんの横を通り過ぎる。
倒れているおばあちゃんの足にしがみついている枝のような赤ちゃんの横を通り過ぎる。
ゴミの中に埋もれ、傷ついた皮膚が膿み、そこにハエがたかっているおじさんの横を通り過ぎる。
残された片足で地面をはいずり回り、小さな手でオレの足にしがみつこうとする子供達の横を通り過ぎる。
溢れかえるクラクションと「ジャパニーズ！ マネー！ マネー！ プリーズ！」という怒声を浴びながら、排気ガスまみれの空を見上げるだけの、カルカッタの夕暮れ。

TOKYOという空間で手に入れてきたはずの「夢を叶える自分」は、
なにもできなかった。
TOKYOという空間で手に入れてきたはずの「雄弁な自分」は、
なにも言えなかった。
TOKYOという空間で手に入れてきたはずの「自分」は、
意外に無力だった。

「せめて、この胸の痛みが、新しいオレの誕生であって欲しい…」
精一杯のココロが、そうつぶやいたとき、
（なんでもいい。いま、ここから、なにかしよう）と思った。

路上に座り、勇気を奮い、「なにか手伝いましょうか」って、
ひとことだけ、倒れているおばあちゃんに声を掛けてみた。
オレの魂をかけた、不気味な必死のスマイルで。

そしたら、意外にも、おばあちゃんは、無言でニコっと笑ってくれた。
なんだかよくわからないけど、嬉しかったぁ…
一瞬だったけど、初めて、なにかが交換された気がしたんだ。

ジョン・レノンの「IMAGINE」が、たまらなく聴きたい夜、
オレはちょっぴりだけど確実に、変わり始めた自分を感じている。

～「優しさ」の反対は、「無関心」である～　マザー・テレサ

IN THE CALCUTTA　～ EPILOGUE

カーリーガート（「死を待つ人の家」）・シシュババン（「孤児の家」）に行き、故マザー・テレサ達の活動を手伝ってみた。

路上に倒れて死にかけていたおじいちゃん達と一緒に、シャワーを浴びた。
手足のひん曲がったおじいちゃん達と一緒に地面にねっころがり、パンを食べたり食べさせたり。
うんちやしょんべんもたくさんついちゃったけど、なぜか嫌じゃなかった。

触れてみて、壁が崩れた。

オレは、遠くから眺めるだけの偽善者の如く、感傷的になりすぎていた自分が恥かしくなった。
オレは今まで、偏ったイメージによって創られた分厚いフィルターを何枚も通して「路上の人たち」と「インド」っていう国を見ていた。

現実は、そんなにブルーじゃなかった。
ほとんどの路上の人にとっては、路上での睡眠が「ライフスタイル」であり、倒れているんじゃなく、ましてや、死んでいるわけもなく、ただ、昼寝をしているんだってことを知った。
実際に寝てみるとわかるけど、地面で寝るのは冷たくて意外と気持ちいい。
それに、本人達は、決して悲しんでいるばかりじゃない。
みんな想ったより明るくて、想ったより楽しんでて、想ったよりギャグで、想ったよりイージーだった。

言うまでもなく、もちろん深刻な面は多々あるが、それだけで見ると感傷的になるだけで、リアルは見えてこない。
何となくオレの目から過剰なフィルターが溶け始め、「なにか」がクリアになった。

そこには、悲しみや痛みではなく、
数千年の歴史によって創られた「現実」と、「これから」があるだけだった。

「お互いに、がんばろうね！　オレも今日から、オレに出来そうなこと、探してみるからよ！」

近いうちに、カルカッタの夕暮れをもう一度見たいと想った。

SOMETHING　BEAUTIFUL

シシュババン（「孤児の家」）では、オレもサヤカもピンク色のエプロンをかけて、大忙しだ。

親に捨てられ、手足が不自由でも、この子たちは極上の笑顔を見せてくれる。
1枚しかもらえなかったクッキーを半分に割って、オレにくれる優しさを持っている。
人間のぬくもりに飢え果て、がむしゃらにオレの胸に顔を押しつけてくる子供たちの全身から、マッスグナチカラが伝わってくる。

こいつらは、MONEYにではなく、
FOODにでもなく、
LOVEに飢えているんだ…

そんな子供たちを胸に抱きながら、顔を上げてふっと我にかえると、
急に涙が溢れそうになってしまうのは、
なぜなんだろう。

OH! MY BABY!

子供の笑顔が放つ素敵なオーラは、万国共通だ。
そんなものに影響されてか、俺たちも出来てもいない子供の名前を考え始めた。
プランとしては、男、男、女、男。
高橋　海（たかはし うみ）
高橋　空（たかはし そら）
高橋　遥（たかはし はるか）
高橋　大地（たかはし だいち）
っていうのが今のところ有力。

オレの個人的な意見としては、男の方はいいとして、女の子の名前は「麗（レイ）」とか「雅（ミヤビ）」とか、そういうレディースの美人総長風もいいと思うんだけどなぁ。
でも結局、「『さやか』と『はるか』でピッタリじゃん！決まり！」というサヤカの一言で、このまま押し切られそうな雰囲気…

子供の名前を考えながら、自分の好きな文字を並べていると、
自分たち自身の「生きるテーマ」が見えてくるようで、なかなかおもしろいぜ。

DRY YOUR WING!

ミミ　ヲ　スマシテ　ミナヨ…

どこかで、誰かが泣いている声が聞こえないか？
かすかに、ささやくように、
柔らかく、優しい鼓動と一緒に、母親の子宮にいたときの自分が泣いてる。

オレにも、きっと出来ることがあるはず…
オレには、もっと出来ることがあるはず…

どんなにチャカしても、どんなに耳をふさごうとしても、
その声は消えることがない。
だれもが、「もっとイカした自分」に逢いたがってる。

なまぬるい羊水に守られ続けたいと願いながら、
冷たい風の潔さを愛そう。
なにかしたいが、なにもしたくない夜を越えて
ジブン　トイウ　オオキナモノ　ニ　アイニ　イクンダ！

DIGI-CAME

インドには、
カメラを向けてはいけない光景、
カメラを向けることなんか絶対に出来ない光景が、
いっぱいいっぱいあったんだ。
胸が苦しかったよ。

相手が誰であろうと、なんであろうと、
写真は「撮る」ものではなく、「撮らせてもらう」ものだよね。

撮らせてくれた相手に、少しでも恩返ししようと想ったとき、「デジタルカメラ」ってやつは、撮った写真をすぐに相手に見せて一緒に楽しむことが出来るっていう、
すごく人情味溢れる武器を持っている。

旅の出逢いに、デジカメはオススメだね。

「答えなどない、という答え」
が見つかりました。

要は、 偏見を持たず、
イメージを創らず、
自分の肌で触れて、
感じればいいだけなのでした。
そこには、
いつも「透明な自分」がいます。

イイ奴もいればイヤな奴もいて、
たまにウザったくなるときもあるが、
やっぱり人間が好きだ。

「人間」を感じない美しい風景より、
「人間」を感じる生臭い風景にひかれる。

世界中の人々と旅の途中で交わしたコトバノカケラから、
オレはたくさんの素敵なキッカケをもらい続けている。

それぞれの抱える現実は、 みんなちがうけど、 毎日を楽しく暮らしていこうとする姿勢は、
みんな同じだから。

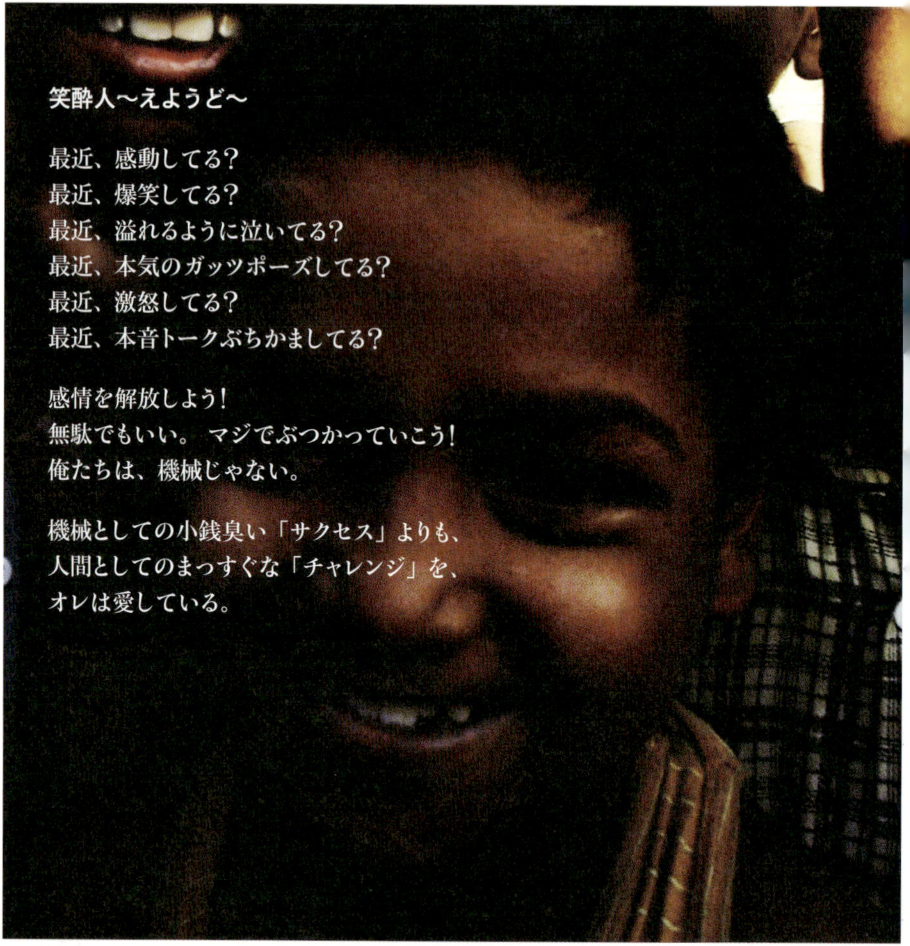

笑酔人〜えようど〜

最近、感動してる?
最近、爆笑してる?
最近、溢れるように泣いてる?
最近、本気のガッツポーズしてる?
最近、激怒してる?
最近、本音トークぶちかましてる?

感情を解放しよう!
無駄でもいい。 マジでぶつかっていこう!
俺たちは、機械じゃない。

機械としての小銭臭い「サクセス」よりも、
人間としてのまっすぐな「チャレンジ」を、
オレは愛している。

キュン

「ふたりでビーチを歩く」と聴いても胸はキュンとしないが、
「ふたりで渚を歩く」と聴くと、胸がキュンとする。

「ファイヤーワークスディスプレイ!」と聴いても胸はキュンとしないが、
「花火大会」と聴くと、胸がキュンとする。

旅に出て、もうすぐ5ヶ月。
そういう感じのホームシックがあるね。

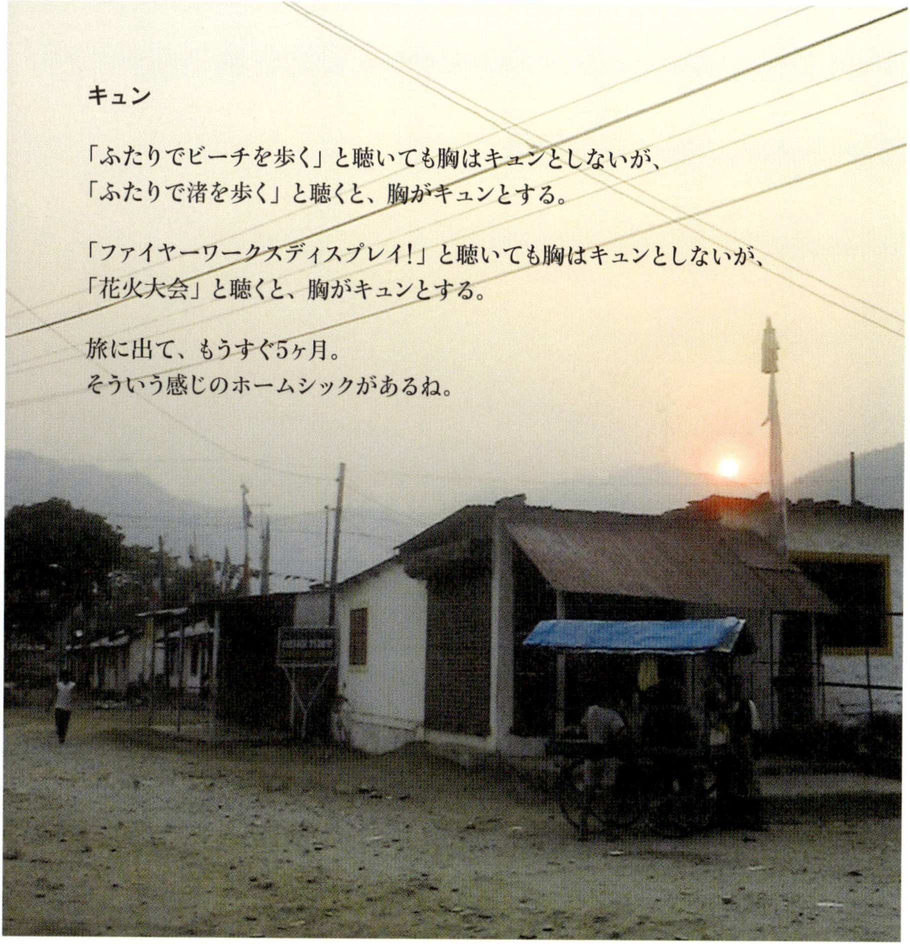

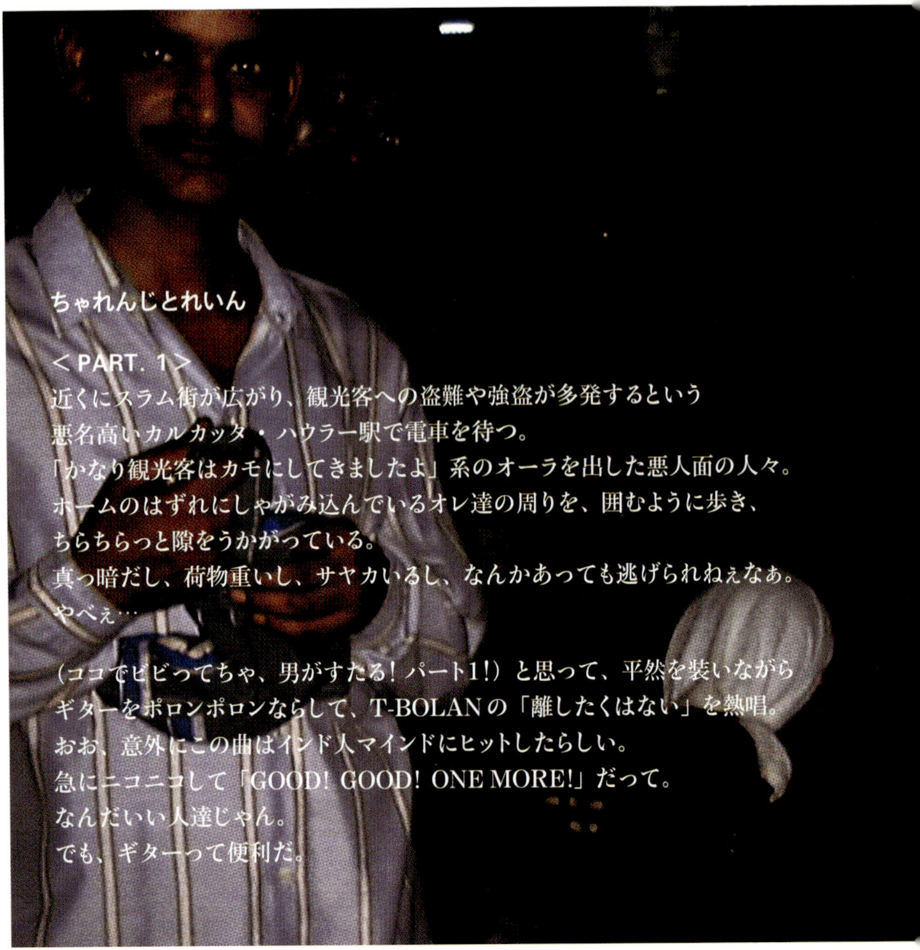

ちゃれんじとれいん

＜PART. 1＞
近くにスラム街が広がり、観光客への盗難や強盗が多発するという
悪名高いカルカッタ・ハウラー駅で電車を待つ。
「かなり観光客はカモにしてきましたよ」系のオーラを出した悪人面の人々。
ホームのはずれにしゃがみ込んでいるオレ達の周りを、囲むように歩き、
ちらちらっと隙をうかがっている。
真っ暗だし、荷物重いし、サヤカいるし、なんかあっても逃げられねぇなぁ。
やべぇ…

（ココでビビってちゃ、男がすたる！パート1!）と思って、平然を装いながら
ギターをポロンポロンならして、T-BOLANの「離したくはない」を熱唱。
おお、意外にこの曲はインド人マインドにヒットしたらしい。
急にニコニコして「GOOD! GOOD! ONE MORE!」だって。
なんだいい人達じゃん。
でも、ギターって便利だ。

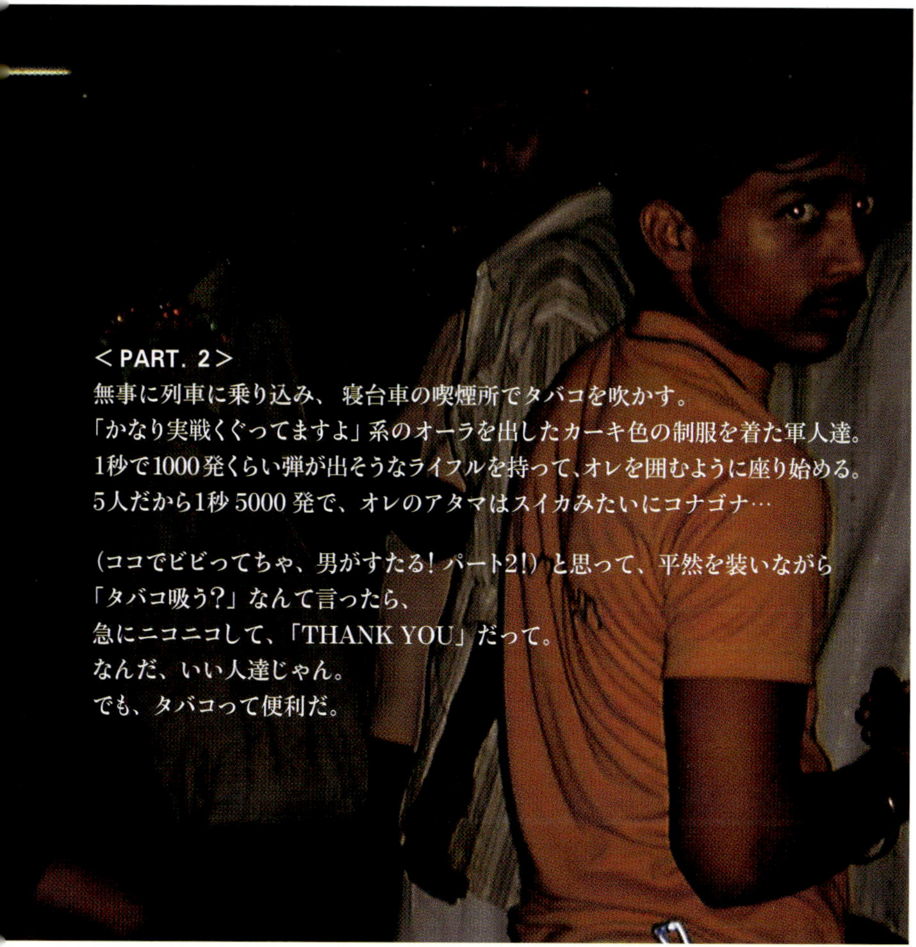

＜PART. 2＞
無事に列車に乗り込み、 寝台車の喫煙所でタバコを吹かす。
「かなり実戦くぐってますよ」系のオーラを出したカーキ色の制服を着た軍人達。
1秒で1000発くらい弾が出そうなライフルを持って、オレを囲むように座り始める。
5人だから1秒 5000 発で、オレのアタマはスイカみたいにコナゴナ…

（ココでビビってちゃ、男がすたる！ パート2!）と思って、平然を装いながら
「タバコ吸う？」なんて言ったら、
急にニコニコして、「THANK YOU」だって。
なんだ、いい人達じゃん。
でも、タバコって便利だ。

ラストシーン

ヒンドゥーの聖地、ベナレス。
「生きる力」か、「死に場所」か、
どちらかを求めてヒンドゥー教徒達が世界中から集まる聖なる河、ガンジス。

朝焼けの中、小舟に乗ってガンジスに漕ぎ出し、この村を見渡す。
ピンク色に包まれた数々の寺院と人々の営みは、潔く美しい。

大河ガンジスの流れに身を浸し、永遠の中を流れてみる。
死灰と川イルカの泳ぐ濁った水は、ひんやりと冷たい。

イマ、ソコデ、死体が焼かれている。
無造作に薪の中に放られる死体は、「魂の抜け殻」と呼ぶのにふさわしい気がする。

水平線に昇る朝陽に目を細める。
「日常的な死臭」をかぎながら、26歳と243日目が始まる。

「オレの人生も数十年後には終わる。 ただ、死ぬまで一生懸命に生きよう」

ぼーっと水面を漂いながら胸に湧き出てくるのは、
感動でも、決意でも、焦りでもなく、
そんな「あたりまえのリアル」だけだった。

有限である人生時間のラストシーンで、
「想像できる最高の自分」に逢いたい。

千羽鶴

「日本を感じることが出来て、お金の掛からない贈り物をしたいね」

サヤカが折った「折り紙の鶴」が、
世界中の子供たちの胸に棲み続けてくれますように…

「時限」というチカラ

ガンジスから贈られるさまざまな心象は、オレに、
「自分の人生の持ち時間」ってやつを意識させる。

日常の流れの中では忘れてしまいがちだが、人生は無限じゃない。
「人生の持ち時間」は、限られている。
誰にとっても、「終わり」へのカウントダウンは確実に始まっている。

まだまだやってみたいことも、逢ってみたい人も、行ってみたい場所も、見てみたいものも、食べてみたいものも、知りたいことも…いっぱいいっぱいある。
そして、「自分の生まれてきた目的」を知り、成し遂げなければ、という使命感もある。

このままじゃ終われないぜ。
やったる！

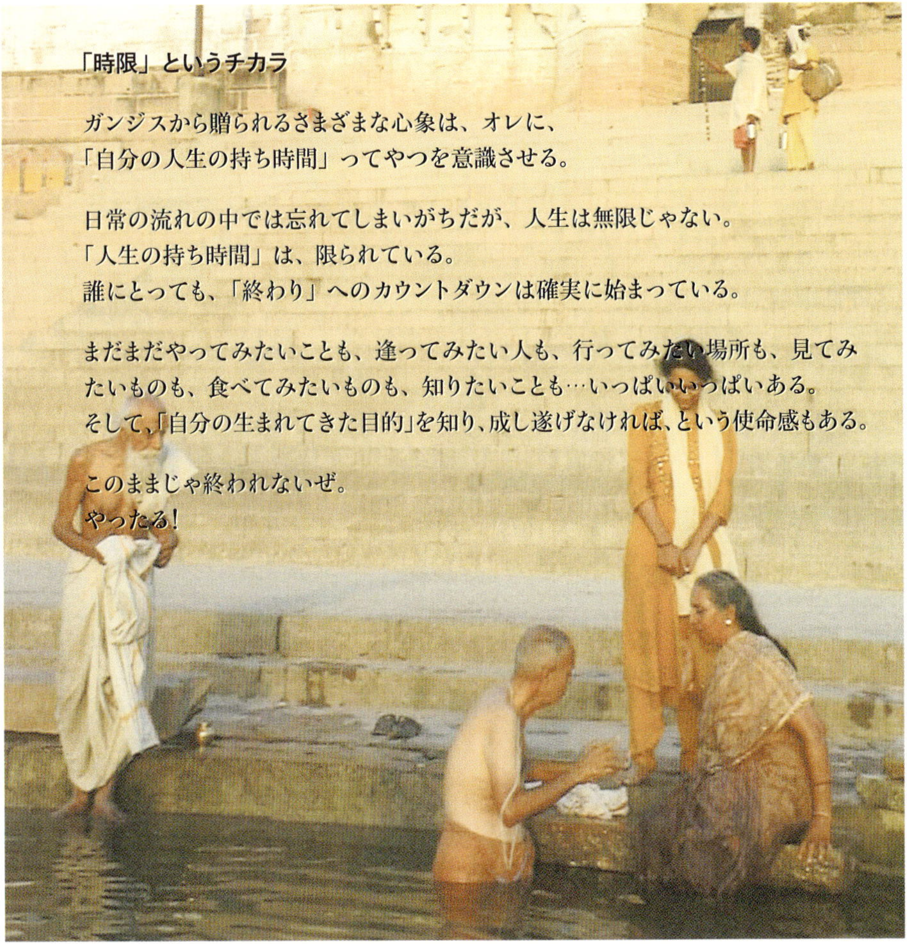

路上のベジタブルマーケットにて。

サヤカ　：「はうまっち？」
インド人：「4ルピー」
サヤカ　：「2るぴー」
インド人：「4ルピー」
サヤカ　：「じゃ、いらない！」（立ち上がって歩き出そうとする）
インド人：「ウェイト、ウェイト！ オーケーオーケー」（泣きそうな顔で引き止める）
サヤカ　：「さんきゅー！」
インド人：（さんきゅー！じゃねぇよ… とほほ…）

表情を巧みに変え、フェイントまで使って、
サヤカは4ルピー（約12円）のトマトを、2ルピー（約6円）に値切っていました。

今回は、まだ甘いほうです。
いつも相手が泣きそうになるまで、容赦なく値切りまくります。
一種の「職人芸」です。

オレはいつも「いいじゃん、いいじゃ～ん」ってな調子でお金にアバウトなので、
サヤカの「芸」あってこそ、旅の資金は続くのでした。

ノミにも負けず、シラミにも負けず、
あの手この手で近寄ってくるフレンドリーな悪人達にも負けず、
40度を超えるハンパじゃない暑さにアタマはボケ、
無造作に鳴り続けるクラクションに耳は麻痺し、
白く濁る排気ガスだらけの空気にのどはやられ、
果物の腐ったようなニオイに鼻はひんまがり、
物乞いの手をかいくぐり、押し売りの手をかいくぐり、
それでもふたり、大きなバックパックを背負い、手を取りながら、
神出鬼没魑魅魍魎百花繚乱の9億人の人種のるつぼの中を、
トコトコトコトコ歩き続ける。

インド人って優しいとか、一風変わった体験ができたとか、そんな軽いものじゃなく、イイもワルイも都会も田舎も全部ひっくるめて、とにかく「濃い」の一言に尽きる国。

短い間だったけど、インドを夫婦で旅するのは、
「旅行」というより、「修行」でした。

お台場での爽やかなデートが、ちょっぴり懐かしいです。

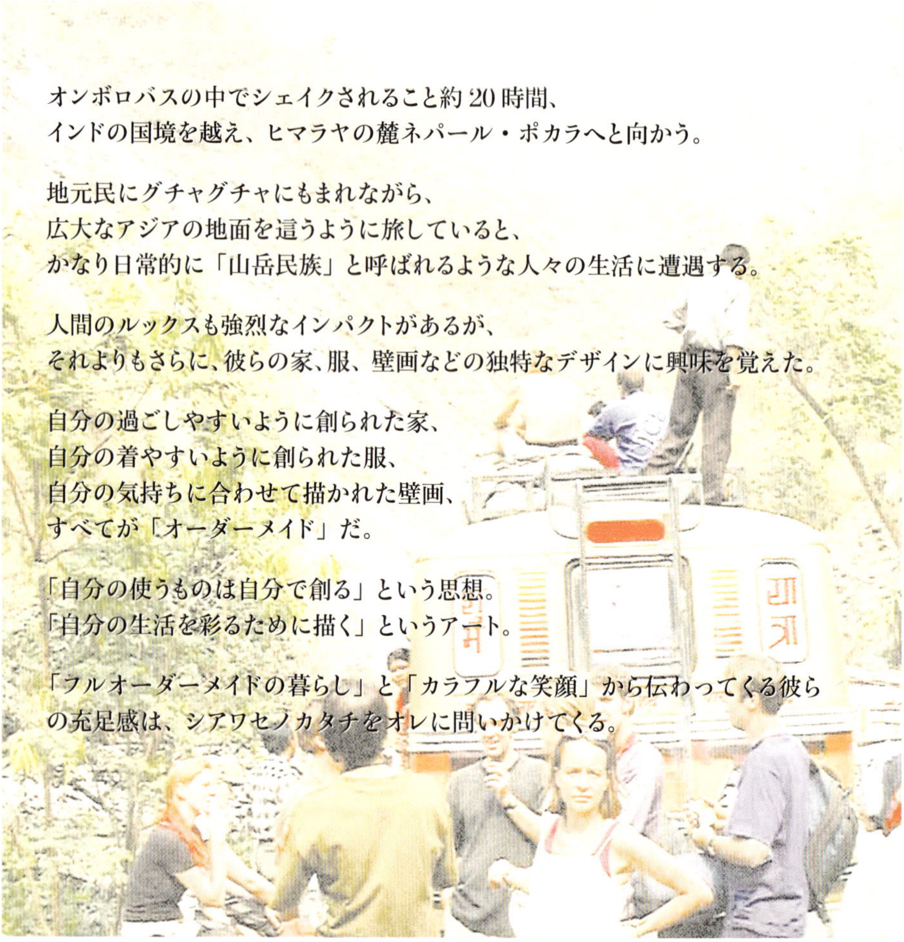

オンボロバスの中でシェイクされること約20時間、
インドの国境を越え、ヒマラヤの麓ネパール・ポカラへと向かう。

地元民にグチャグチャにもまれながら、
広大なアジアの地面を這うように旅していると、
かなり日常的に「山岳民族」と呼ばれるような人々の生活に遭遇する。

人間のルックスも強烈なインパクトがあるが、
それよりもさらに、彼らの家、服、壁画などの独特なデザインに興味を覚えた。

自分の過ごしやすいように創られた家、
自分の着やすいように創られた服、
自分の気持ちに合わせて描かれた壁画、
すべてが「オーダーメイド」だ。

「自分の使うものは自分で創る」という思想。
「自分の生活を彩るために描く」というアート。

「フルオーダーメイドの暮らし」と「カラフルな笑顔」から伝わってくる彼らの充足感は、シアワセノカタチをオレに問いかけてくる。

楽しみをパクパク

「なにか、楽しそうなことないかなぁ」
俺は、鷹が獲物を狙うように、日々、「楽しみ」を狙っている。
もちろんメシも喰うが、主に「楽しみ」を喰って生きている。

「楽しみ」という餌を、上空をさまよう鷹のごとく目を光らせながら本気で探し、
見つけた途端、さぁーっと舞い降りて両足のツメでがっちり捕まえる。
その餌を静かな森でパクパクパクと、ひとりでちょっと食べてみて、「コレ、イケてる!」と思ったら、
仲間の巣を回り「この餌うまいよ! 喰ってミナヨ!」って伝えまくる。
それで、みんなで編隊を組み、その餌を捕りに出掛け、パクパクパクと食べる。

ひとりで捕まえて、ひとりで食べるのもかっこいいが、オレには性に合わないみたい。
ひとりで食べるより、みんなで捕まえた方が、でっかい獲物が捕れる!
ひとりで食べるより、みんなで食べた方が、やっぱりうまい!

「メチャメチャ楽しい体験」は、
ココロの中に「たくさんの優しい気持ち」を生み出してくれる。

白いヒマラヤの麓にたたずむ小さな湖にボートを浮かべ、
悠然と青い空を飛びまわる鷹を見つめながら、
今日も楽しく「午後のコーラ」を飲んでいます。

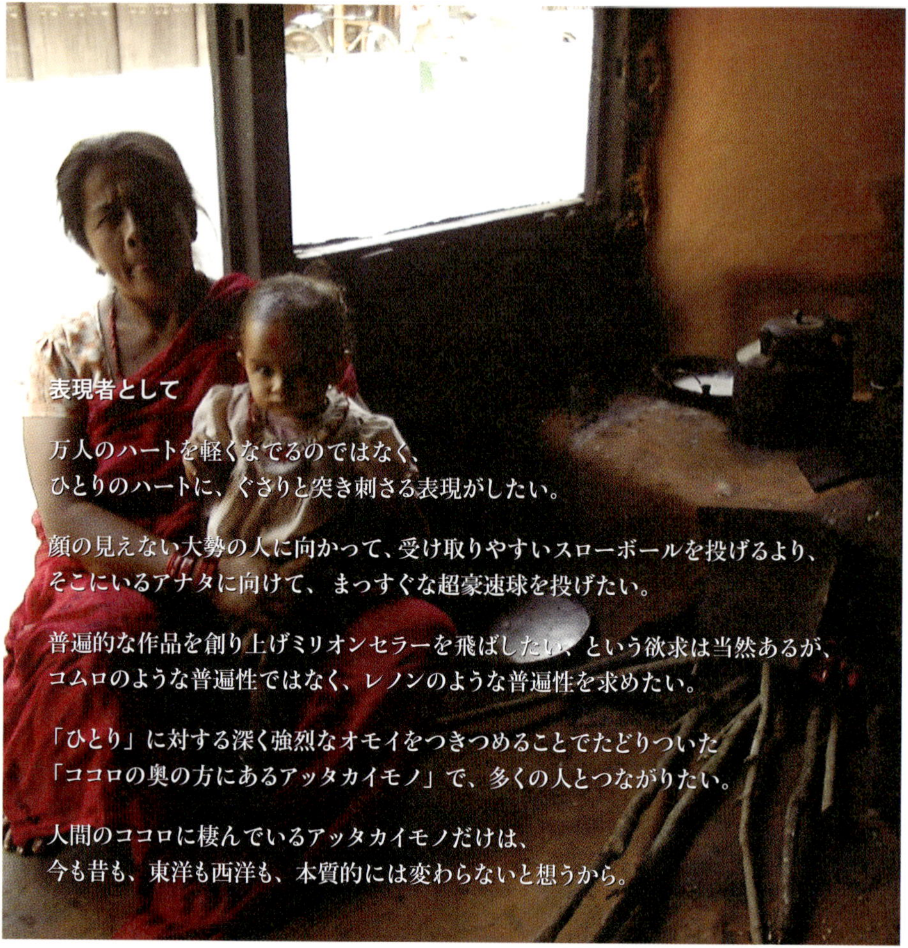

表現者として

万人のハートを軽くなでるのではなく、
ひとりのハートに、ぐさりと突き刺さる表現がしたい。

顔の見えない大勢の人に向かって、受け取りやすいスローボールを投げるより、
そこにいるアナタに向けて、まっすぐな超豪速球を投げたい。

普遍的な作品を創り上げミリオンセラーを飛ばしたい、という欲求は当然あるが、
コムロのような普遍性ではなく、レノンのような普遍性を求めたい。

「ひとり」に対する深く強烈なオモイをつきつめることでたどりついた
「ココロの奥の方にあるアッタカイモノ」で、多くの人とつながりたい。

人間のココロに棲んでいるアッタカイモノだけは、
今も昔も、東洋も西洋も、本質的には変わらないと想うから。

HIPPY

「ヒッピー」とは、特別な人々をさすコトバではない。

LOVE&PEACE を求めるヒッピーは、
赤ちゃんからお年寄りまで、誰のココロの中にも住んでいる。

NO! PIG!

他人のルールに縛られる人間を「家畜の豚」という。
自分のルールを持たない人間を「快楽の豚」という。
どっちにしても、オレは豚が嫌いだ。

Enjoy?

イノチ　ヲ　タノシンデルカイ？

PAGE OF S
「野獣」アユムと共に旅を続ける「美女」サヤカちゃんのページ

バリ、シンガポール、マレーシア、タイ、インド、ネパールの旅を振り返って…

みんな、元気にしてますか？
私たちは、オーストラリアからバリ島へ行き、シンガポールからマレー鉄道でマレーシア・タイへと渡り、タイから飛行機でインドへ飛び、そこからバスで遂にネパールまで行きました。
この3ヶ月間を振り返ると、本当にいろんな事がありました。ガイドブックを読みながらいろいろと心配していましたが、特に大きなトラブルもなく、ふたりでひょうひょうと過ごしてました。
東南アジア諸国は、それぞれステキな国でひとことにまとめるのはもったいないけど、あえてまとめるとすれば、「食べ物天国」でしょう。各国のチャイナタウンのヌードルスープ、甘い果実（特にパイン）、手作りソーセージ、豆腐のデザート、梅ジュース…本当においしいんだから。しかも安い！　まだまだ長い旅を続けるふたりにとってはとてもありがたいことでした。

あったかい気候と土地柄のせいか、現地の人はみんなとても陽気で優しかったです。マレーシアからタイへ森の中をミニバスで移動しているとき、おなかもペコペコでのどもカラカラになっている私達を見て、サッと飲み物をくれてサッと姿を消して行った見知らぬおばさんや、笑顔でたくさん食べ物をくれたお洒落なミューティーくん…そんなみんなのさりげないやさしさに感動しました。
インドでは、まず、カルカッタに行きました。東南アジアのほのぼのムードを一瞬で忘れてしまうほど激しい街…。
ちょうど酷暑期で40度以上の暑さがモワァ〜ッときました。人も多く、街は排気ガスにうもれ、観光スポットもさびれた博物館くらいしかなく、歩いているだけで疲れる街でした。でも、ふたりの目的は、観光というよりもマザーハウスでボランティアすることだったので、インドの日々はとても充実していたし、なぜかインドはまた行きたい国のひとつになりました。カッコつけた言い方をすれば、「風に呼ばれたら行こうかな」と言う感じかも…。
マザーハウスにいたのは短い間だったけど、「死を待つ人の家」や「孤児の家」に行き、ボランティアをして自分がすごく役立っているうれしさを感じました。言葉は通じないけれど、人間同士って気持ちや身振り手振りでわかりあえるんだなぁと思いました。「孤児の家」では、子供達のストレートな気持ちがすごくかわいくって、今でもあの子達のことを思い浮かべるだけで、やさしい気持ちになれます。それからマザーハウスにはたくさんの日本人がいて、みんなそれぞれしっかりとした目的を持っていて魅力的な人ばかりでした。特に、一緒にボランティアをして仲良くなった貴子さんや千絵里さんは、心から楽しそうにやっていてステキでした。
今回の旅を終えて、いちばん心に残っているのは、いろんな国の人達のストレートなやさしさです。
やさしい人達にたくさん出逢って、心があったかくなって、自分ももっともっと誰かを喜ばせたいと思いました。

さやか

EPILOGUE

from Ayumu Takahashi

いま、オレタチはモンゴルの大草原に立っている。
360 度の大草原と、モンゴリアン・ブルーと呼ばれる突き抜けた青い空。
ほかにはなにもない。そして、だれもいない。

これからは、モンゴルで遊牧民の人たちとの暮らしを堪能した後、シベリア鉄道を途中下車しながら未知の国ロシアに潜入。のんびりと広大なユーラシア大陸を横断し、モスクワから北欧のフィンランドへ入って本物のサンタクロースに逢い、そのまま北へ北へと向かって北極圏まで行っちゃえ！ってな予定になっている。

いつもこころにあおぞらを。
あおぞらはつながっている。

LOVE YOURSELF.
SEE-YA!

1999.6.3　高橋 歩

Mongolia, Russia, Finland, Philippines **Vol.3 "SIMPLE"**

Dear. WILD CHILD

WORDS & PHOTOGRAPHS BY AYUMU TAKAHASHI / PUBLISHED BY FACTORY A-WORKS

PROLOGUE

おっす！　元気かい？　オレタチも相変わらずケンカしながら楽しくやってるよ。

さて。今回の VOL. ３はシベリア＆スカンジナビア編だ。
モンゴルの大草原での遊牧民ライフに始まり、長い永いシベリア鉄道を途中下車しながら東から西へと横断した未知の国ロシア。そして北欧の森と湖の国フィンランドを抜けて､遂に北極圏へ。さらにさらに｢もう寒いのはイヤ！ 南の島へ行きたい！｣ってことで、大きく予定を変更して遊びに行ったフィリピンの島々も含んでいる。

今回の旅のイメージを一言でいうと、やっぱり「SIMPLE」かな。
旅の途中で出逢ったモンゴル遊牧民の人々、ロシアの森のおばさん、北極圏ラップランドのファミリー、フィリピンの海の男達…
彼ら彼女らが伝えてくれた「大切なことは、いつもシンプルなんだぜ」という空気が、とってもとっても身に浸みた。彼らのまっすぐで素朴でウソのない笑顔に触れるたび、ココロが震えた。
その反面、自分自身が今までの生活の中で知らず知らずのうちに身に付けてしまっている「ウソつきな自分」「ズルい自分」「見せかけだけの自分」みたいなものに嫌気がさしてきて、珍しくブルーになっちゃったことさえあった。

ハートとハートで単純にホントのことだけを伝えあう「気持ちよさ」。
頭ではなく身体で実感したことの「重さ」を、改めて思い知らされた旅だった。
ほんと、シンプルなことはパワフルだ。

青い空と青い海に包まれながら、サヤカと放浪し続けた、この３ヶ月。
今回も「DEAR.WILD CHILD」というココロの日記集に、オレタチの実感だけを込めて贈ります。

VOL. １、VOL. ２、そして今回の VOL. ３、そしてこれからも…
変わり続け、転がり続けていくであろう「わいちゃい」を、お楽しみあれ。

ROUTE&MEMORY
MONGOLIA, RUSSIA, FINLAND, PHILIPPINES

ROUTE&MEMORY***

MONGOLIA, RUSSIA, FINLAND, PHILIPPINES

1. MONGOLIA *Ulan Bator

モンゴルの首都。壊れたビルと埃だらけの寂しい街。「悪魔」というあだ名のスキンヘッドの若者バトゥシンの家に泊めてもらう。ザハ（低所得者層市場）で手に入れた怪しい民族衣装「デール」を着て街を歩いていたら、地元民と間違われてモンゴル語で話しかけられまくる。

2. MONGOLIA *Gobi

大草原。遊牧民ファミリーとひとつ屋根の下で暮らす。
衛生的にも精神的にも、ワイルド度はこの旅ナンバーワン。馬に乗って駆け抜ける大草原。牛、羊、山羊、ラクダ、ガゼルの群。満天の星。360度の地平線。世界最高の夕焼け。誰もいない。なにもない。

3. RUSSIA *Irkutsk

「シベリアのバリ」？といわれる街。巨大マーケットを探索中にブタが斧で叩かれて殺されているのを目撃。強烈！　1000円ちょっとで山盛りキャビアとパンとシャンパンを買ってきて、サヤカとふたり、「キャビア喰い放題大会」を開催。顔中、真っ黒になる。

4. RUSSIA *Baikal

世界最深の湖。オーストラリア人のバックパッカーにもらった地図を頼りに白樺の森と断崖絶壁をふたりで探検し続ける。絵本の世界に迷い込んだような異次元の村でのホームステイ。動物も植物もすべてがしゃべり始めそうな不思議な空間に浸る。ロシア版「もののけ姫」な日々。

5. RUSSIA *Siberian Railway

ロシア横断合計５泊６日の列車での旅。退屈の極地。もう２度と乗らない。
でも、駅のホームに溢れている「ピロシキおばさん」達の売っていたロシアの家庭料理はどれもグッドな味。車内でのロシアン女子大生とのギターセッションはメチャクチャで面白かった。

6. RUSSIA *Moscow

ロシアの首都。レーニンの眠る赤の広場。芸術的な地下鉄の駅。コーラと同じくらいおいしいクヴァス。ロシアのクラブ DJ から「ロシアンビート」と呼ばれる音楽とダンスを教えられる。伝説の「ボリショイ劇場」で初めて観た本格バレエのオーラに震えがくる。

7. FINLAND & ARCTIC CIRCLE *Helsinki

素朴な人々の溢れる穏やかな北欧の街。森と湖の間を抜けて進む船上でのビールはサイコー。採れたてのイチゴ&生グリーンピースもうまい。「国民の約3人に1人は自分の船とサウナを持っている」というライフスタイルに惚れる。偶然に見ることの出来た伝説の「オノ・ヨーコ展」に震える。

8. FINLAND & ARCTIC CIRLCE *Lapland

遂に「北極圏」に突入。トナカイと共に生きるサーメ人の故郷であり、サンタクロースの故郷でもある土地。白夜の下、トナカイの遊牧を眺めながらのカヌートリップは神秘的。ラップ人の木細工&革細工に魅せられて、商社マンばりに仕入れ先を調べ回る。

9. PHILIPPINES *Manila

そこら中にライフルを持った警官が立ち並ぶ危険な街並み。初乗り6円で乗れるトライシクルを駆使して動き回る。宿で出逢った「ココは天国だね！」とシャウトする日本のおじさん、通称「ヘブンオヤジ」との出逢いが笑えた。ダンダウェイラムの小瓶が 80 円で買えることに感動。

10. PHILIPPINES *Puerto Princesa

秘境パラワン島の玄関。怪しげなトラベルエージェンシーを回り、面白そうな島の情報を探す。港町を歩き回って地元の若い奴らの空気に触れる。変なものばっかりの市場を巡り、メートル級の超巨大ドリアンにビビる。安宿の屋上から眺めた密林に沈む夕焼けが印象的。

ROUTE&MEMORY***

MONGOLIA, RUSSIA, FINLAND, PHILIPPINES

11. PHILIPPINES *Handa Bay

Island Trip の拠点。バンカーボートで島を巡りながら七色の珊瑚と魚たちの溢れる海に潜りまくる。特に「スネーク島」と呼ばれる無人島の珊瑚は信じられないほど美しかった。珊瑚の産卵する時期はもっとすごいらしい。今後のために漁師の人や地元民と語って自分の船で本格的な無人島冒険をするコツを学ぶ。

12. PHILIPPINES *Coco Loco Island

Puerto Princesa からぎゅうぎゅう詰めのローカルバスで5時間&小舟で 45 分かけてたどり着いた秘密のパラダイス。スイス人オーナーの創った隠れ家的アイランド・ビレッジ。最低限のものしかないシンプル感。海も風も星もカレーもアイスコーヒーも酒もバッチリ。オレも自分たちの島を持ちたくなった。

13. PHILIPPINES *Dos Palmas Island

余ったお金で奮発した豪華リゾート。久々のハネムーン気分に浸る。360 度すべてを海に囲まれた海上小屋でのランチは最高。ふたりでカヌーに乗りマングローブの密林が茂る原始の海を冒険。沈没すれすれの恐怖を味わう。ドイツ人と組んで戦った「第二次大戦風ビーチバレー大会 !?」も燃えた。

Vol. 3

“SIMPLE”

Mongolia, Russia, Finland, Philippines

サヤカとふたり、モンゴルの大草原に立つ。

青い空、白い雲、蜃気楼、そして360度の地平線。
なにもない。 誰もいない。

ふたりが、無限に広がっていくような感覚。
ふたりぼっちで、ポツンとここに存在しているというリアル。

「自分の女さえ幸せに出来ない奴に、日本も地球も幸せに出来ない」

えっ？　ほんとに？　ココで暮らすの？

「サァ～、いよいよ、モンゴルかぁ。 遊牧民になっちゃうぜ!」 なんて、
気軽な気持ちで出掛けていった、モンゴルの大草原での遊牧民ライフ。
待っていたのは、「観光客扱い一切ナシの現役バリバリ遊牧民ファミリーとのディープ暮らし」だった。

トイレは大小ともに草原だし、
ゲルのまわりには家畜達のクソまみれでハエがわんさかいるし、
ゲルの中はかなりほこりっぽくてノミみたいな虫が飛んでるし、
メシは山羊ミルクご飯（コレは食えない）とカレー的炒め物（コレは食える）だけみたいだし、
部屋の明かりはろうそくのみだし、
冷たい飲み物は一切ないし、
シャワーなんて夢のまた夢だし、
水は細菌がウヨウヨした水をちょっと使えるだけらしい…
さらに、ファミリーのみんなとは、 言葉がまったく通じない。
やっぱ甘くねぇ。
都会っ子のカップルには、遊牧民ライフは強烈だぁ。
まぁ、オレは大丈夫だろうけど、サヤカがいつまでもつか…
まさか、サヤカに野グソをさせることになるとは…

そんな心配をしながら、大草原の真ん中にポツンとたたずむゲル（遊牧テント）の中、 初日の夜の毛布にくるまっているオレ。
ぐーがぁーぐーがぁーぐぐぐぅがぁー
このファミリーの主、アグアンサンおじいちゃんのいびきが、ちょっとうるさいです。

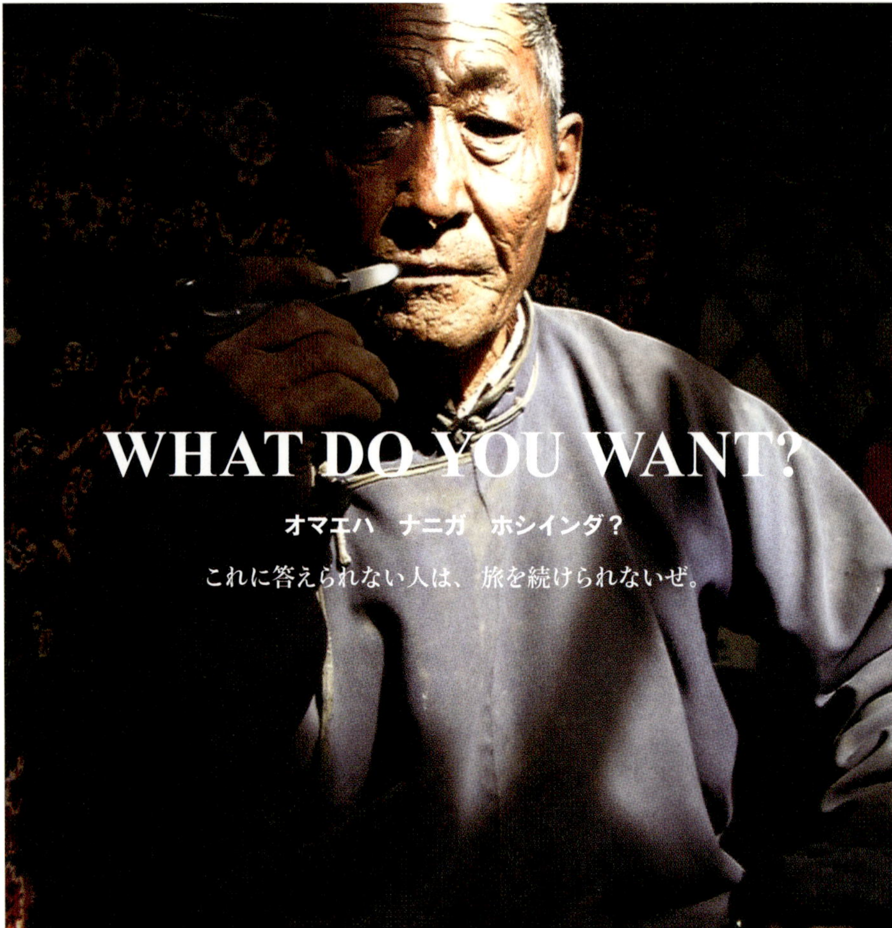
WHAT DO YOU WANT?
オマエハ　ナニガ　ホシインダ？
これに答えられない人は、旅を続けられないぜ。

大草原のど真ん中にひとり、満点の星空に抱かれてする野グソ。
この開放感は、この世のものとは想えない。
もうこのまま死んでもイイや…って想っちゃうくらい、完全にイっちゃってる。

東京ドームをひとりで貸し切って、照明を全部消して、ピッチャーマウンドで野グソをぶっ放す…それでも、全然かなわないね。

誰かが言ってた「満天の星空と野グソの伝説」は、やっぱりホントだ。

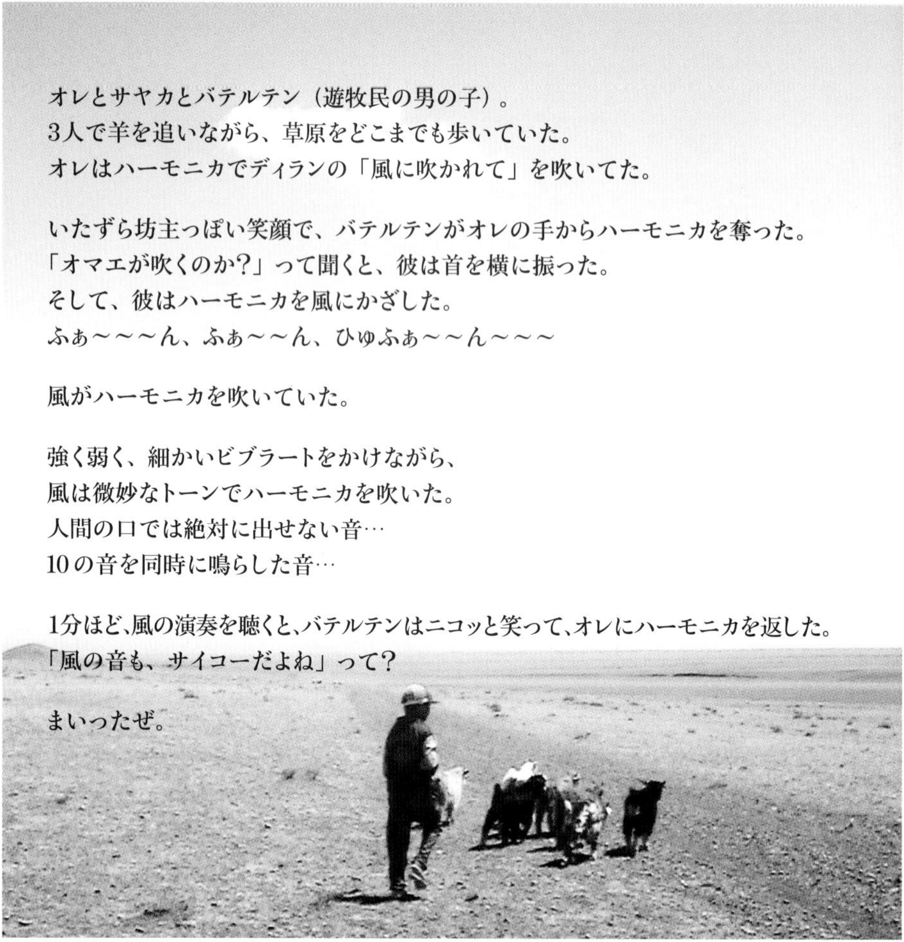

オレとサヤカとバテルテン（遊牧民の男の子）。
3人で羊を追いながら、草原をどこまでも歩いていた。
オレはハーモニカでディランの「風に吹かれて」を吹いてた。

いたずら坊主っぽい笑顔で、バテルテンがオレの手からハーモニカを奪った。
「オマエが吹くのか?」って聞くと、彼は首を横に振った。
そして、彼はハーモニカを風にかざした。
ふぁ〜〜〜ん、ふぁ〜〜ん、ひゅふぁ〜〜ん〜〜〜

風がハーモニカを吹いていた。

強く弱く、細かいビブラートをかけながら、
風は微妙なトーンでハーモニカを吹いた。
人間の口では絶対に出せない音…
10の音を同時に鳴らした音…

1分ほど、風の演奏を聴くと、バテルテンはニコッと笑って、オレにハーモニカを返した。
「風の音も、サイコーだよね」って?

まいったぜ。

新聞、雑誌、テレビの9割以上が、いい加減な奴らによって創られてる。
世の中に溢れ狂う「わかったようなコトバ達」に惑わされるな。
くだらない価値観を無意識に上手になすりつけてくる手を振り払い、
自分をインスパイアしてくれるステキな情報発信源だけをちゃんと選ぼう。
この時代、
自分のカラダの中心が感じたビートだけが頼りだ。
決まった王道なんて、もうない。
胸を張って貫けば、すべてが王道になる。

「モンゴリアン・ブルー」と呼ばれる空の青。

やっぱいいなぁ、青空って。
なんで日本にいるときは、青空を素直に楽しめなかったんだろう。
日本にだって、ちゃんと見上げれば青い空があったのに。

日本に帰ったら、「BLUE SKY CAFÉ」なんてやろうかなぁ…
気の向いた場所に遊牧民のゲルをブッ建てて、青空を見上げながら突き抜けるようなロックを聴いて、バーベキュー台で焼いた羊の肉を片手に昼間っからキンキンに冷えたバドワイザーのナマが飲める隠れ家的移動式カフェ。警察に怒られたら移動すればいいだけだし。看板は羊のガイコツだな、やっぱ。そんで、なぜかゲルの中央にボロボロのSRX400 I型が置かれてて、そのシートの上にセットされたモニターからは、「イージーライダー」が流れてる…
偶然、昼休みにランチを食いに来たサラリーマンが、「もう、オレ仕事辞めた!」なんてシャウトして、そのまま旅に出掛けちゃったり…
いいねぇ…

そんなイメージでふわふわ遊びながら、
今日も大草原に座って空を見上げてる暇なオレ。

遊牧民ライフ5日目。
家族の主でもあるアグアンサンおじいちゃんから、「遊牧民としての本格的な任務」が遂にオレにも与えられた。
「馬に乗って、一緒に羊の群を追え！」

馬に乗り、颯爽と荒野を駆け回り、家畜を追って暮らす毎日…
昔、カウボーイに憧れていた頃からの夢を実現できるぜ！とココロが弾んだ。
といっても、馬は半分野生だし、馬に乗ったこともないオレは正直、少しビビっていた。

「しやぁっ！」 パカッパカッパカッパカッ…
そんなオレに目もくれず、アグアンサンは馬に乗って突っ走り始めた。
（お～い。 そりゃないぜ。 せめて乗り方の基本ぐらい教えてくれ…）
訳もわからず馬にまたがり、オレは馬のケツをぴしぴしと叩いてみたが、馬はぽこっぽこっぽこっぽこっと歩くのみ。 しかも、方向が違う！ まるで、新品の1100ccのバイクにレーサーが乗ってるのと、50ccのハンドルの壊れたスクーターにおばちゃんが乗ってるのと、そのぐらいすべてが違い過ぎる。
「そっちじゃない、こっち。 おお～、あぶねぇ～。 マジで落ちちゃうよ、コレ」
手綱を必死に操ろうとしても、馬はなんだか不機嫌で勝手な方向に走り始めるし（しかもかなりのスピードで）、アグアンサンは見えなくなっちゃうし…

マジでやばい。
馬は自由気ままに夕焼けに向かって爆走している。
操れない馬に乗せられ、陽の暮れてきた大草原にひとりぼっち。
足下には、ラクダや牛の白骨が転がっている。
「乗りこなすか、白骨になるか」

かなり、シャレになんない状況…
「やべぇ！ このままじゃラチがあかねぇ！」
オレは手綱をつかんで、一度馬から飛び降り、馬をなんとか停止させ、彼のつぶらな瞳をじーっと見つめて、至近距離から叫んだ。
「マジで頼む！ 言うことを聞いてくれぇ！」
さらに、スクールウォーズもビックリのビンタを馬に食らわせた。
ここ数年来、久々の超本気。フルポテンシャル稼動。
しかし、当然ながら馬はノーリアクション…

開き直ったオレはもう一度馬に乗り、「もう、どうにでもなれ！」って、オラッオラッオラッオラッて、馬のケツをブッ叩きまくった。
ちょっぴり死を覚悟して大草原を無鉄砲にさまようこと、30分ぐらい。
知らないうちに、オレは少しずつ馬を思い通りに動かせるようになっていた。
きっと、最初はオレをナメきっていた馬が、
「なかなか根性あるじゃん」なんて認めてくれたに違いない。
そして、さらに1時間後、遂にアグアンサンの後ろ姿を発見！
ラッキー！ 助かった…

なんとかすべての任務を終え、アグアンサンとふたり、
オレたちはゲルに戻った。
拳とケツと精神がボロボロのオレに、アグアンサンは
アッタカイ笑顔とチカライッパイの握手をくれた。

サイコーのスリルと快感。
遊牧民ライフは、クセになるぜ。

「大人がマジで遊ぶと、それが仕事になる」

この法則、知ってた?

＜実技演習：１＞

以下はモンゴルのゴビ地方に暮らす遊牧民のみなさんの羊を追う掛け声です。大草原に向かって叫ぶつもりで、なるべく正確に、大声で発音してみましょう。

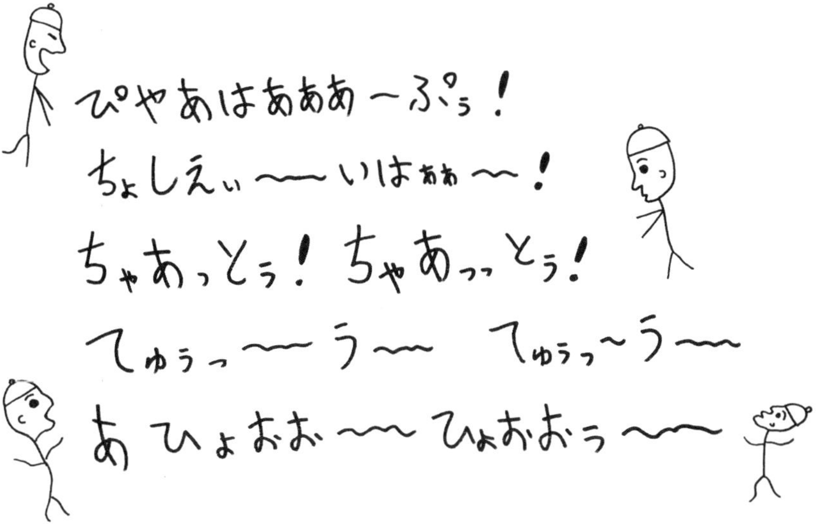
ぴやあはあああ〜ぷぅ！
ちょしえぃ〜〜いはぁぁ〜！
ちゃあっとぅ！ちゃあっっとぅ！
てゅぅっ〜〜う〜〜　てゅぅっ〜う〜〜
あひょおお〜〜ひょおおぅ〜〜

※ちなみに、オレは１週間以上叫び続けてアゴが痛くなっちゃったよ。

A&S 主催「世界一周夕焼け選手権!」
現在の単独トップは、モンゴルのゴビ砂漠だぁ!

「日本を誇りを持てる国にしよう!」と叫びながら、
同じ日本人を馬鹿にしたりけなしたりして選挙を戦う政治家達を見ていると、
ココロが寒くなる。

日本という国は、 日本人と呼ばれる人間の集まりに過ぎない。
人がいて、 国と呼ばれてるだけ。

「日本という国」に誇りを持とうとするのではなく、
自分というひとりの日本人に、 誇りを持てばいいじゃん。

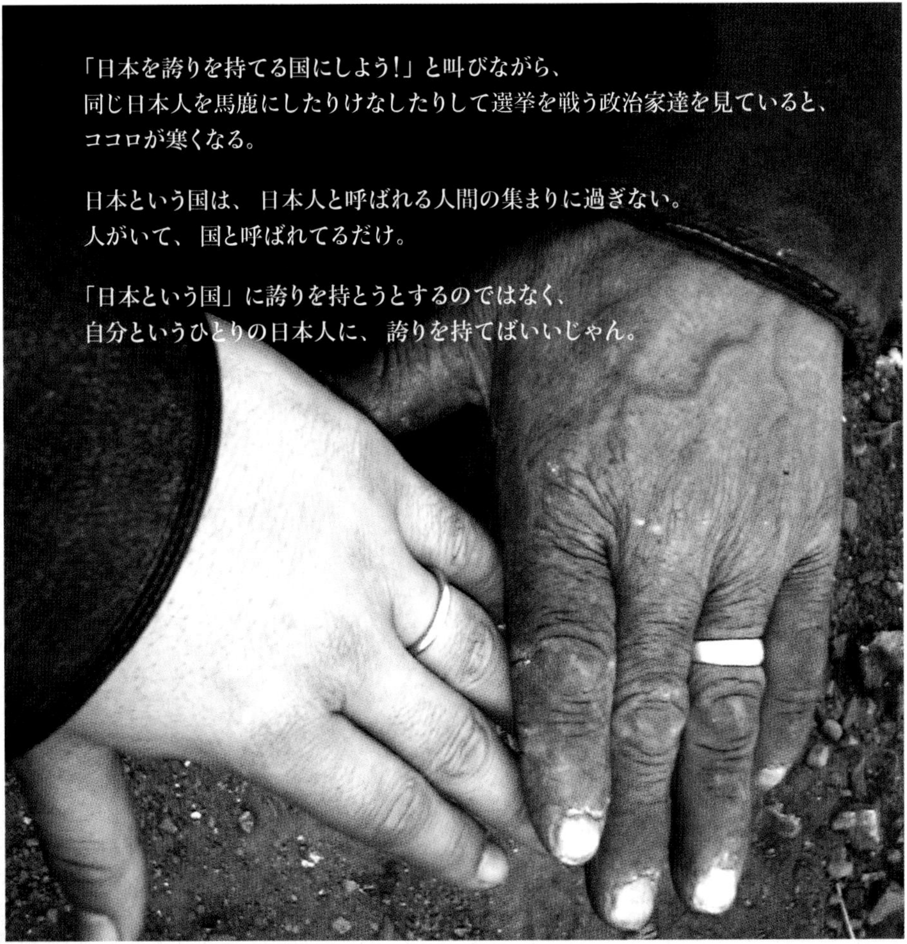

大きなVISION？
大志を抱け？
スケールの大きな夢を？

まぁ、それもいいけどさ。

広大すぎる大草原に立ち、
「今のオレの精一杯を、目の前にいるアナタへ」
まずは、そこから始めようと想ってる。

サヤカが喜んでいる姿を見ると、オレは幸せになる。
幸せは、他人とのセッションで生み出すものだね。

いつもココロに「自分版ディズニーランド」の設計図を。

「タカハシアユム」草原ライブ!

ステージは、夕焼けの丘。
観客は、17匹。
羊、馬、山羊、ラクダ、牛。

手を抜かずにやるからな!
おまえら草ばっかり喰ってないで、ちゃんと聴けよ!

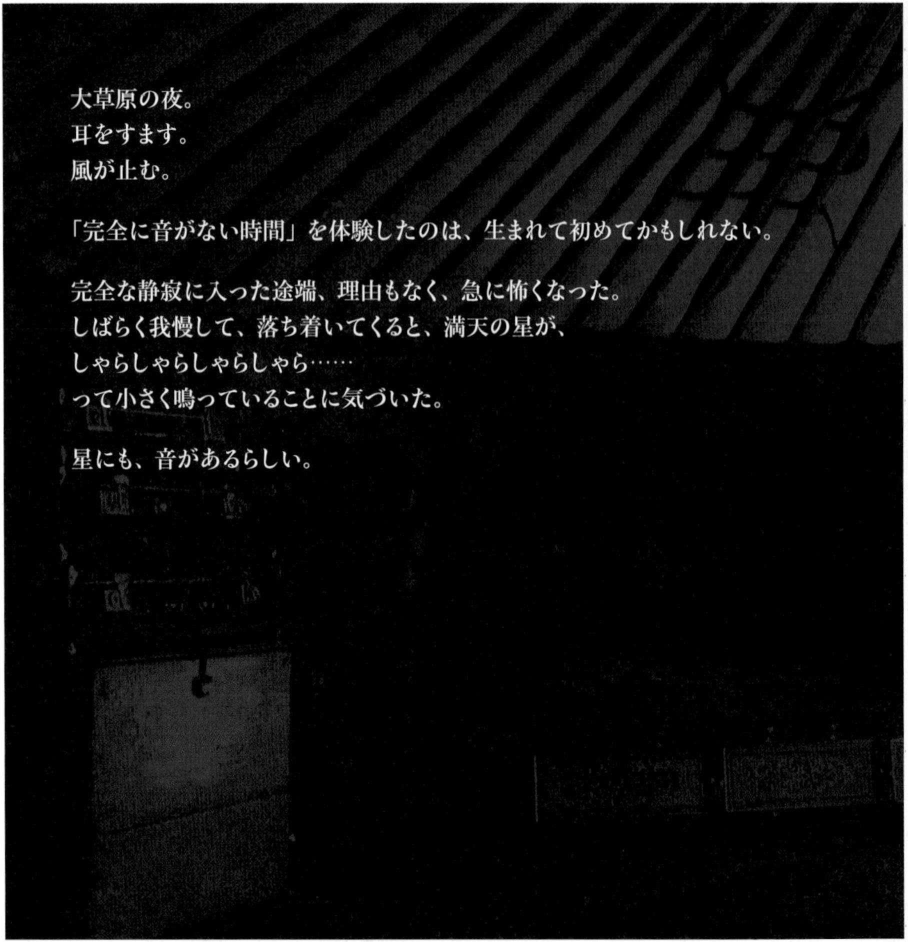

大草原の夜。
耳をすます。
風が止む。

「完全に音がない時間」を体験したのは、生まれて初めてかもしれない。

完全な静寂に入った途端、理由もなく、急に怖くなった。
しばらく我慢して、落ち着いてくると、満天の星が、
しゃらしゃらしゃらしゃら……
って小さく鳴っていることに気づいた。

星にも、音があるらしい。

このやせっぽちの女の子が、40度近い灼熱の砂漠を、
水をくみに何キロも何キロも毎日歩いていると想うと、
「オレも気合い入れて生きなきゃな!」
って想うんだ。

「寝釈迦」。ブッダは寝ながら悟る。「遊歩」。アユムは遊びながら悟る。

どこまでも行ける気がするから、
一歩一歩を大事に刻もう。

「HELLO」と「GOOD-BYE」が、ものすごいスピードで繰り返される旅の日々。
オレに「魂の喜び」を伝えてくれたたくさんの人々。
オレは、「ありがとう」を伝えるだけで精一杯の毎日を生きている。

シベリア鉄道の幅65センチの寝台に寝ころびながら、2日も3日も延々と続く牧歌的なホノボノ風景に目を滑らせる。

「世界の車窓から」じゃないけど、窓の外の景色なんて5分も見れば充分！　電車のゆったり旅なんて50年早かった。
もう暇で暇で電車中を何度も走り回って、タイムを計りたくなっちゃう。

こんな暇なときは、ずっと持ち歩いているグッズが大活躍。
CDウォークマンとミニスピーカー、ミニラジカセ、そして厳選された48枚のCD。日本で買い込んだ文庫本＋数冊。デジカメ、デジビデ、ノートパソコン。そして、バックパッカーズギターとハーモニカ数本。スケッチブックとクレヨンセット…もうほとんど、「動く自分の部屋」状態。

ガイドブックには「軽い荷物が旅を楽しむコツうんたらかんたら」なんて書いてあるけど、オレは反対。
持てる限界まで遊び道具をいっぱいいっぱい詰め込んで、世界をハッピーに放浪してる。

だって、「このシチュエーションでこの曲を聴きたい！　この本を読みたい！　絵を描きたい！　唄いたい！…」とかって、めちゃめちゃ大事じゃん。
それに比べたら、移動のときのバックパックの重さなんて、眼中ないよ。

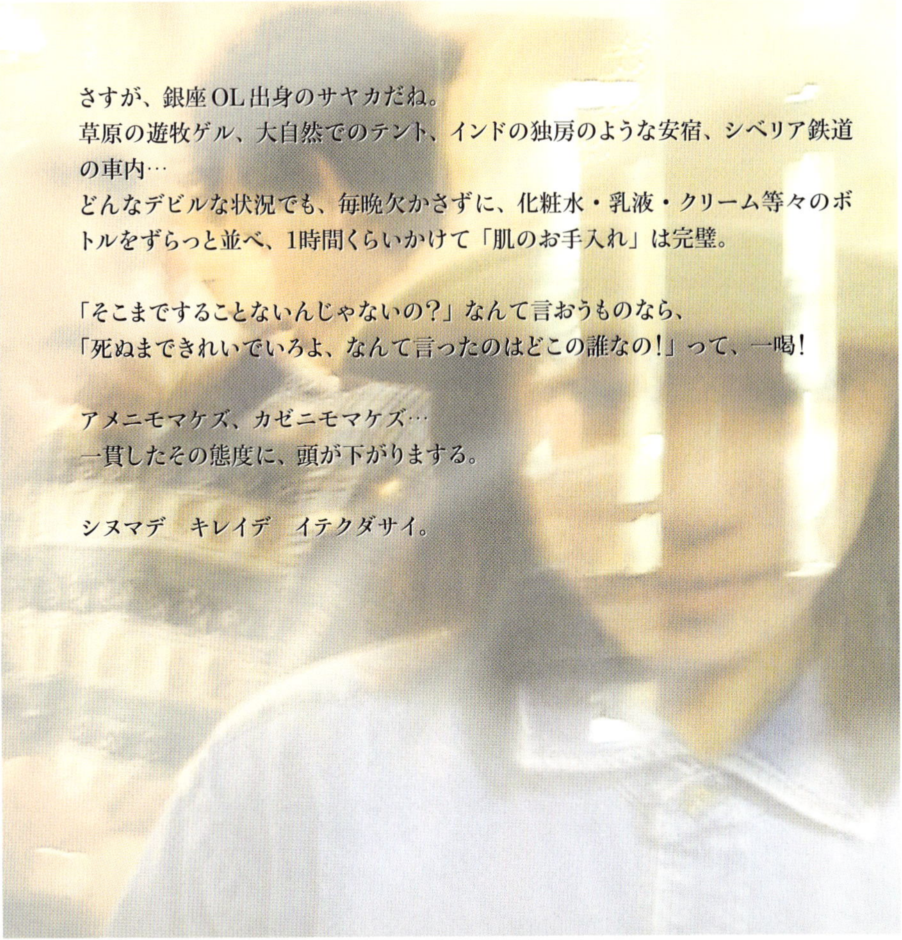

さすが、銀座OL出身のサヤカだね。
草原の遊牧ゲル、大自然でのテント、インドの独房のような安宿、シベリア鉄道の車内…
どんなデビルな状況でも、毎晩欠かさずに、化粧水・乳液・クリーム等々のボトルをずらっと並べ、1時間くらいかけて「肌のお手入れ」は完璧。

「そこまですることないんじゃないの？」なんて言おうものなら、
「死ぬまできれいでいろよ、なんて言ったのはどこの誰なの！」って、一喝！

アメニモマケズ、カゼニモマケズ…
一貫したその態度に、頭が下がりまする。

シヌマデ　キレイデ　イテクダサイ。

ロシアの田舎の村でのホームステイ。
バイカル湖と白樺の森。 それだけの空間で小さな家族と暮らしている。

緯度が高いため、夜の11時を過ぎていてもぼんやりと明るいままだし、妖精のような青い瞳をした子供たちが夜中までちょこちょこ走り回ってるし、夜中にミルク売りの白髭オジサンが平然と家に乱入してくるし、道には人間よりでかい巨大な犬ばっかり歩いてるし、真っ赤なサイドカー付きの3人乗りバイクに、おばあちゃんが3人乗ってキャピキャピしながら爆走してるし、牛の鳴き声がんもぉう～～んもぉ～～んもぉ～～って森中にこだましてるし、小川にはイエローのアヒルの子供が大群をなして歩いてるし…

なんだか変な村なんだ。
さすがロシアの森。 完全に異次元。
この村にもうしばらくいたら、きっと動物とか花に普通に話しかけるようになっちゃうぜ。
やばいよ…

ロシアの田舎の村でお世話になった、ふたりだけの小さな家族。
数年前、夫と長男を事故で同時に失ったスウィーツおばさん。
無邪気な顔でドタバタと家中をはしゃぎ回っているフリースくん。
いつも元気なふたりが、一瞬だけ見せる哀しい表情に胸がきつくなる。

悲しみを忘れず、痛みを忘れず、
でも、笑顔を忘れず。

そんな人々からにじみ出る優しさと強さを、
オレは尊敬している。

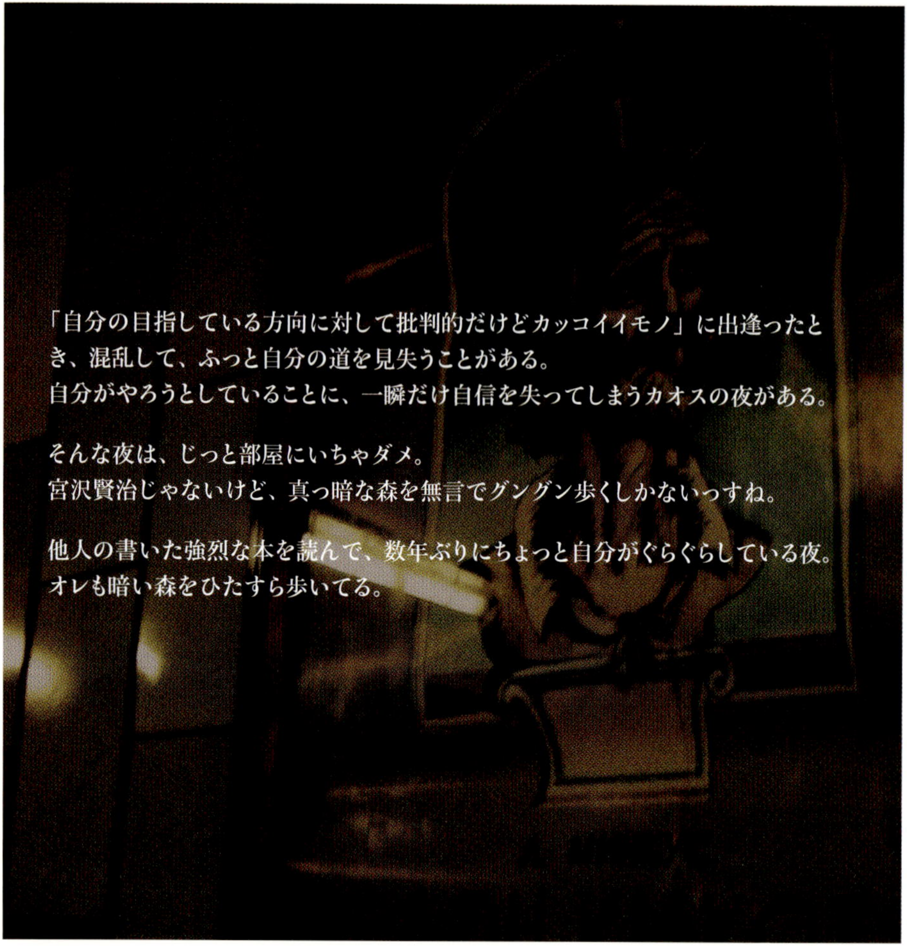

「自分の目指している方向に対して批判的だけどカッコイイモノ」に出逢ったとき、混乱して、ふっと自分の道を見失うことがある。
自分がやろうとしていることに、一瞬だけ自信を失ってしまうカオスの夜がある。

そんな夜は、じっと部屋にいちゃダメ。
宮沢賢治じゃないけど、真っ暗な森を無言でグングン歩くしかないっすね。

他人の書いた強烈な本を読んで、数年ぶりにちょっと自分がぐらぐらしている夜。
オレも暗い森をひたすら歩いてる。

やっぱり、「市場」が好きだ。
不気味な食べモノ&飲みモノに始まり、ガラクタ同然の雑貨から、見たことないようなイカしたデザインのアクセサリーや服、そして怪しすぎるミュージックテープ…
とにかく、市場は「場」のテンションが高い。

「なにこれー! ちょー安いじゃん! うまそ〜、喰うべ!」「見て見て! コレ! 気持ちわるーい! 腐ってるぅ!」「カッコイイー、これ! たっぷり買って日本で売ろっかぁ!」「オイオイ、ブタ殺してるよ〜。 オエ〜」…

どこの街や村に行っても、必ず最初はふたりでメインの市場をウロウロすることから、旅のストーリーが始まっていく。

違った楽しみ方としては、松田優作気分で探偵になりきり、市場に入ってきたばかりの地元オバさんをひとりターゲットにして、一部始終徹底マークしながら、こっそりと買い物っぷりを観察するっていうのも面白い。 品物を選ぶ目つきや店員とのやりとり、近所のオバさんと偶然出逢ったときの立ち話の様子なんかを観察してると、「国別のオバさんスタイル」が見えてきて笑えるぜ。

放浪しちゃえば?

「身近な人だから、どうしても甘えちゃって」
「友達だから、わかってくれると思って」
「彼女なんだから、奥さんなんだからそれくらい当然だろ」

そういう言い訳や開き直りは、サイテーだね。
身近な人や友達、彼女、奥さんを大切に出来ないで、誰を大切に出来るって言うんだ?

10分前の自分にちょっぴり後悔しながら、
そんなことを、自分に言い聞かせているオレ。

「なんで〜〜〜をやってるの？」
「好きだから」

やっていることの理由を聞かれたら、死ぬまで、そう答え続けていると思う。

仕事選びも、女選びも、人生選びも、基準はすべて同じ。
ス・キ・ダ・カ・ラ！

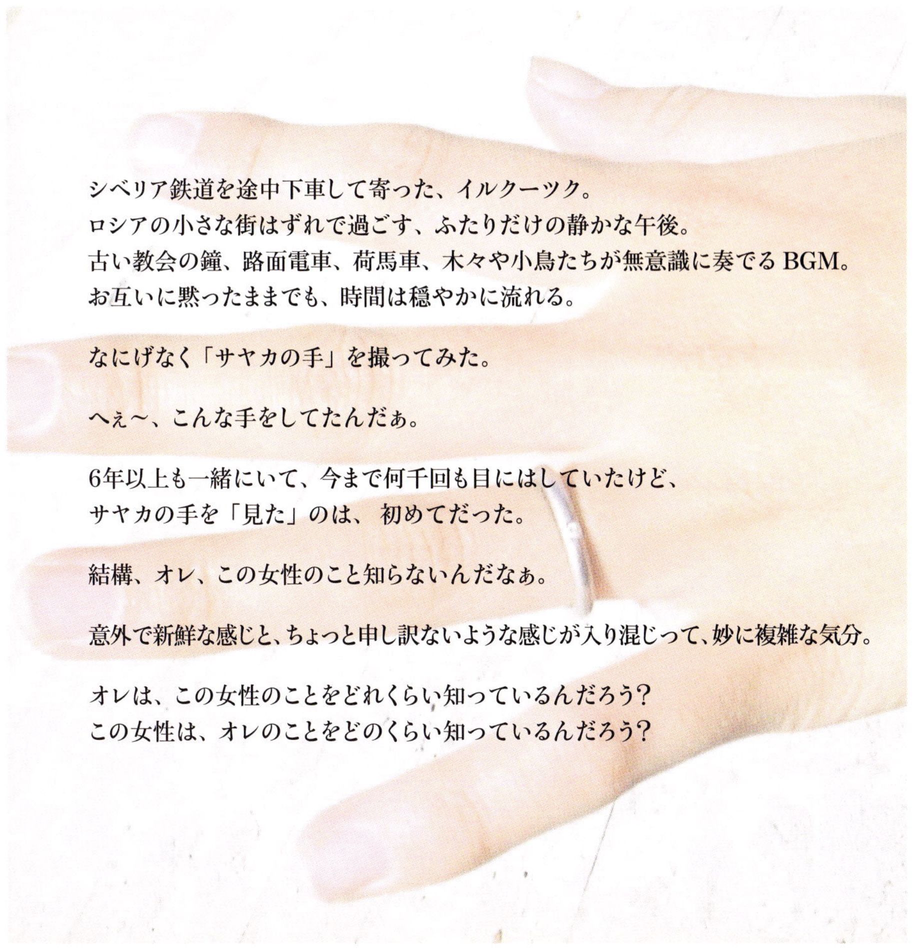

シベリア鉄道を途中下車して寄った、イルクーツク。
ロシアの小さな街はずれで過ごす、ふたりだけの静かな午後。
古い教会の鐘、路面電車、荷馬車、木々や小鳥たちが無意識に奏でるBGM。
お互いに黙ったままでも、時間は穏やかに流れる。

なにげなく「サヤカの手」を撮ってみた。

へぇ〜、こんな手をしてたんだぁ。

6年以上も一緒にいて、今まで何千回も目にはしていたけど、
サヤカの手を「見た」のは、初めてだった。

結構、オレ、この女性のこと知らないんだなぁ。

意外で新鮮な感じと、ちょっと申し訳ないような感じが入り混じって、妙に複雑な気分。

オレは、この女性のことをどれくらい知っているんだろう?
この女性は、オレのことをどのくらい知っているんだろう?

「すごい!」「かっこいい!」「おもしろい!」と言われるのもイイけど、
オレは、「ありがとう」と言われたときが一番嬉しい。

CD,
BOOK,
MAGAZINE,
POSTCARD,
SILVER,
T-SHIRT,
SHOP,
CAFÉ,
VIDEO…

少し気合いを入れてバイト代を貯めれば、誰でも「オリジナル」が創れる時代。
「超カッコイイモノ」を創ってさえいれば、お金を稼げて、好きなことで楽しくやっていける。
なんてイイ時代なんだろう。

スカウトされようとか、自分を売り込もうとか、妙なノウハウを勉強する前に、作品自体を徹底的に創り込もう。

用意が出来たら、
まずはSTREETにデビュー。
伝説は、そこから始まる。

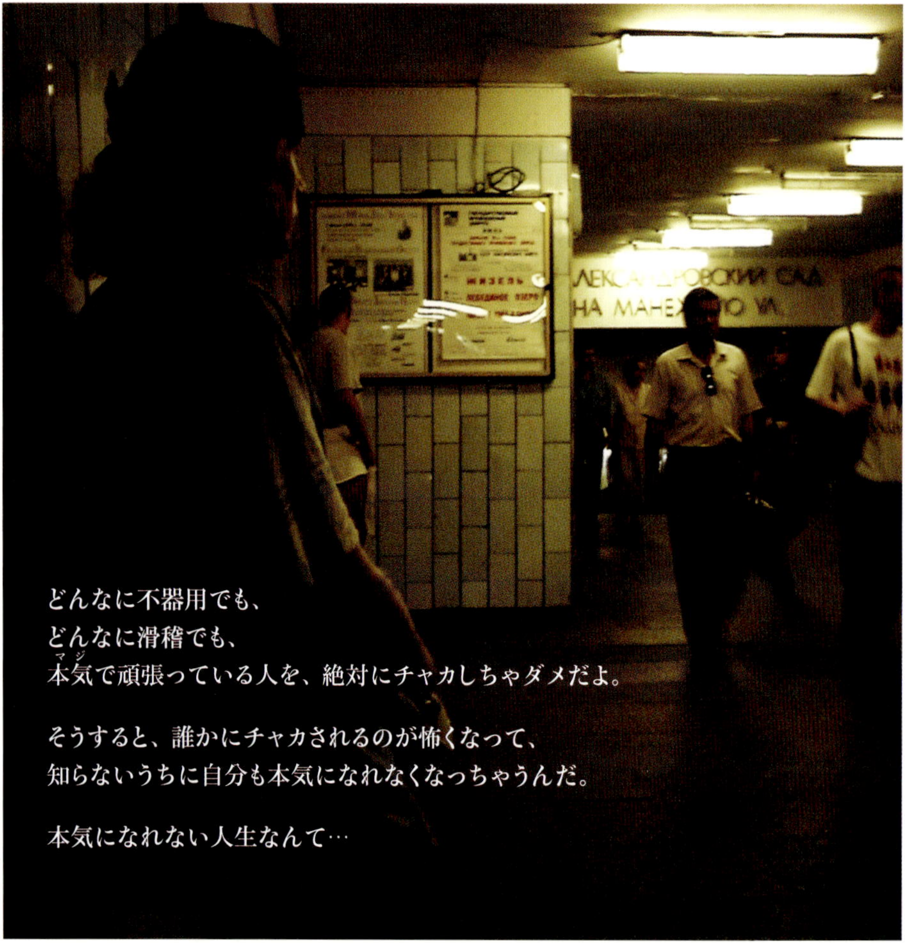

どんなに不器用でも、
どんなに滑稽でも、
本気《マジ》で頑張っている人を、絶対にチャカしちゃダメだよ。

そうすると、誰かにチャカされるのが怖くなって、
知らないうちに自分も本気になれなくなっちゃうんだ。

本気になれない人生なんて…

リチャード・バックが飛行機を愛したテンションで、
ヒロトがパンクロックを愛したテンションで、
マイヨールがイルカを愛したテンションで、
オレも「それしかないなにか」を強烈に愛したい。

「イキルモクテキ」「ウマレテキタイミ」そんな難しいモノを探すより、
「シヌホドダイスキナモノ」を見つければいい。

それを見つけられたら、きっと、
生き方がシンプルになる。

「優」の一字を追い求めるならば、「戦」の一字を忘れてはいけない。

こうやってコトバを書いていると、
たまにすっごく「ウソ臭いオレ」を見つけて、鳥肌が立つよ。
そんなときは素早くすべてを削除して、ゼロスタートしてる。

オレの場合、洒落たコトバを探そうとするよりも、
フィールドで暴れ続ける中で、ピン!ときたコトバをノートに書き殴っていくだけ。

何を言っても、何を書いても、
結局は「生き方がアート」だと想ってるから。

人生は、楽しむためにある。

本を読んでアツくなったり、音楽を聴いて震えたり、映画やビデオを観て泣いたり、芝居を観て爆笑したり、ライブに行って狂ったり、博物館や美術館に行って圧倒されたり、へたくそな絵を描いて自画自賛したり、写真を撮って自慢したり、おいしい料理や酒を開拓したり、波乗りをして海に溶けたり、キャンプをして動物に還ったり、釣りをして魚と勝負したり、バイクをかっ飛ばしてスピードの向こう側に行ったり、世界中の見知らぬ土地へ旅を続けたり、こんな店をやりたい！ こんな本を作りたい！ こんなイベントをやりたい！ なんて、いつものバーで作戦を練ったり…
ひとりで、大好きな人と、気の合う仲間と…
月曜も、火曜も、水曜も、木曜も、金曜も、土曜も、日曜も…

ローでもなく、ハイでもなく、
肩の力を抜いて自分をニュートラルにして街を歩いていれば、
「魂の喜び」は無限に溢れていることに気づく。

遊びでも仕事でも、そんなのどっちでもいい。
もっともっと、見て聞いて味わって嗅いで触れて…
五感をバンバン解放して、自分の魂を喜ばせてあげよう。

俺たちは、生きている。

モスクワ、赤の広場。
クレムリンの城壁とワシリー聖堂、そしてレーニンの墓に囲まれ、地面に刻まれたオーラがビンビン伝わってくる空間。
かつては何万本もの赤い旗によって真っ赤に染まっていたソビエトの象徴。
ある意味で、日本から一番遠かった土地でもある。

オレはいつものように脇の路上に座り、
コーラを片手に、ボーっとしながらタバコの煙を青空に飛ばしていた。

この旅を通じて、オレは「路上」で一番長い時間を過ごしている。
ウブドゥの愉快なモンキーフォレストSt.から、カルカッタの地獄のサダルSt.まで、
世界中のどこへ行っても、路上に座り込んでタバコを吹かしていることが多い。

理由はわからないけど、路上からの視点でものを見るのが好きみたい。
それは、CHILDRENの視点だから?
それとも、HOMELESSの視点だから?
ヤンキー時代から変わらぬ「オレの視点」だから?

ただひとつ、はっきり言えること、それは、
「路上はFREE!」ってことさ。

ガラクタに愛を。

オレは昔から「ヤンキー」であり、「優等生」だった。
茶髪長ランでビーバップしながら、家では進研ゼミとかやってるような奴だった。

今も「ロックだぜ！ ビートだぜ！ ドロップアウトだぜ！ 面倒なことは考えずハッピーにやろうぜ！」っていう自分もホントだし、
「優しさってなんだろう」「幸せってなんだろう」「満員電車に吐き出されて団地に帰っていくサラリーマンのオヤジの背中にも男を感じるよなぁ」…なんてことをマジに考えるオレもホントだと思う。

一見矛盾しそうないくつもの極端なキャラクターが、オレの中で仲良く同居し続けてる。
「西郷隆盛リードボーカルのロックバンド」「長渕剛監督のディズニー映画」「ダライラマ＆星野道夫主演のイージーライダー」…なんていうイメージが好き！というオレのスタイル。

疲れているのに、なぜか眠れない夜。
そんな事をもにょもにょとオモイながら、
モスクワの安ホテルのベッドに転がっているオレ。

「自分の国」に文句を言うだけの人。
「自分の国」のいいところに目を向けて楽しんでる人。
「自分の国」に満足できずに変えたり新しく創っていこうとしてる人。
「自分の国」から離れていこうとしてる人。
「自分の国」にさえ無関心な人。

う～ん。 いろんな人がいるなぁ。
ボディランゲエッジと会話集とつたない英語を駆使しながら、世界中の若い奴らと話していると、「自分の国に対する自分のスタンス」っていうのを問われるぜ。

シベリア鉄道を途中下車しながら、横断したロシア。

キャビアもボルシチもピロシキもクヴァスも、
貴族気分に浸ってブラボー！と叫びまくったボリショイ劇場のバレエも、
ギャラリーと化している地下鉄のアート天国も、
数千店の店が立ち並ぶ市場にみなぎる生活パワーも、
街で出逢ったロシアの若い奴らと交わしたいくつもの会話も、
青い瞳をして次の時代を創っていく子供たちの笑顔も…

この国には、オレの魂を喜ばせてくれるものが、いっぱいいっぱい溢れていた。
灰色のイメージから始まったロシアは、予想の30倍カラフルな国だった。

ほんと、イメージって怖いぜ。

森と湖とキシリトール?の国、フィンランド。
モンゴル&ロシアでのディープな日々を終え、
久しぶりに「快適な」ロッジで過ごす爽やかな夜。
「結婚して、なにが変わった?」
突然、サヤカにそう聞かれたが、オレにはピンとくる答えが見つからなかった。
ただ、はっきりと言えることがひとつだけある。
「俺たちはいいチームだ」

「全身が震えてしまうほど大好きなこと」

それをみつけた時点で、あらゆる夢は既に叶っている。

あなたの知らないところに
いろいろな人生がある
あなたの人生が　かけがえのないように
あなたの知らない人生も
また　かけがえがない

人を愛するということは
知らない人生を　知るということだ
～大好きな灰谷健次郎氏の言葉より～

俺は旅を続けながら
このコトバに染み込んだオモイを
何度も何度もかみしめている。

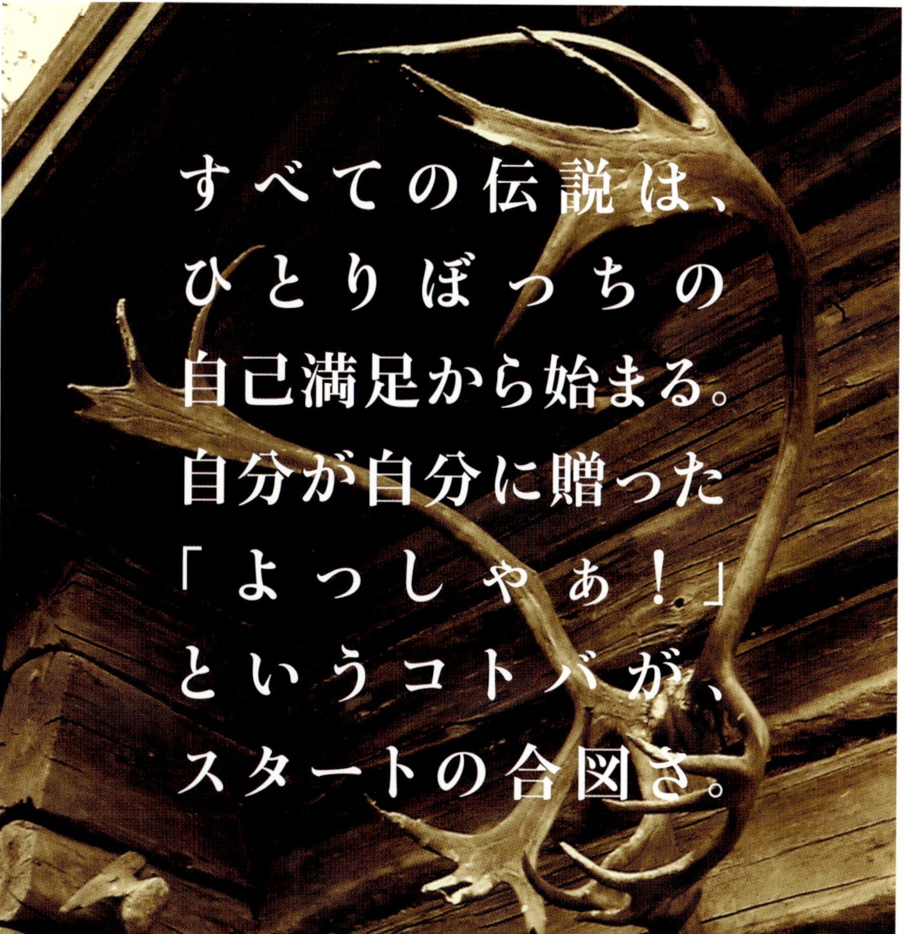
すべての伝説は、
ひとりぼっちの
自己満足から始まる。
自分が自分に贈った
「よっしゃぁ！」
というコトバが、
スタートの合図さ。

「なるべくいっぱいサヤカを楽しませたい！」

そんな気持ちはホントなんだけど、
ヒッピー&ジプシー気分で旅してるオレにとって、
「ねぇ、明日一緒にムーミン・ワールドに行こうよ！」っていうお誘いは、
結構きつかったなぁ。

ムーミンママの台所？ ムーミンパパの仕事部屋？ ムーミンの屋根裏部屋??
ワァー、逃げ出した〜い!!

まぁ、スナフキンがせめてもの救いだったよ。

人と逢っても、本を読んでも、写真集を見ても、BAR で飲んでも、
映画を観ても、音楽を聴いても、建物を見ても、イベントに行っても…
悔しいくらい、世界中に「スゴイヒト」「スゴイサクヒン」は溢れている。

「こりゃ、すげぇや!」とココロが震えるとき、
俺は98%の感動の後、2%のツバを吐く。
「オレも絶対負けねぇぞ」
そのツバの中に、明日の俺がいるから。

でも、不思議だ。
「大自然のスゴサ」にだけは100%とろ〜んって溶けちゃうんだよな。

ARCTIC CIRCLE

フィンランド、スウェーデン、ノルウェーにまたがる北極圏ラップランド。
トナカイの遊牧をしながら暮らすサーメ人のエリアであり、
サンタクロースの故郷でもある土地。

白夜の不思議な光の中、
トナカイの遊牧を横目に紫色の水が流れるオウナスヨキ川をカヌーで下る。
夏だっていうのに、熱いコーヒーが妙にうまい！

南極から、オーストラリア大陸、アジア、ユーラシア大陸、スカンジナビアと遊び続け、俺たちの旅は遂に北極圏に突入した。
でも、まだまだ世界は広い。
遊び場は尽きない。
「行きたいところはどこへでも、今すぐ行けるぞ！ さぁ〜て、次はどこに遊びに行こっかなぁ」

世界の片隅にあるホテルの部屋。
ペンとタバコとビールを片手にジョン・レノンを聴きながら、
サヤカとふたりで世界地図を広げている時間は、
サイコーにHAPPY!

まるで、「どこでもドア」を手に入れちゃったみたいだね。

俺の実感。
それだけをコトバに。

アナタの実感。
それだけを聞かせて欲しい。

MY BEST LIFE STYLE? ～1999.7.3 VERSION～

「どんな毎日がいい？」

大自然に溶けながら暮らし、大都会で暴れ回って表現し、気が向いたらひょいって旅に出掛ける毎日がいい！

（大自然&大都会の具体的な場所は、世界一周放浪が終わってから決定）

「大自然での暮らしってなに？」

小さくて楽しい農業をやって、自分たちで創ったおいしいものを食べまくりたい。大自然に包まれた大きくてかっこいいログハウスで快適に暮らしたい。ビーチサイドですぐ近くに森があるところ。 メチャクチャ大きな檜風呂のある家がいい。 アトリエもいる。 仲間が泊まりに来る小屋も。 夜の森を歩き回りたい。 詩を書きたい。 絵を描きたい。 陶芸をやってみたい。 ガラス細工も。 いろんな楽器をうまくなりたい。 のんびりと曲を創りたい。 自分の船を創りたい。 その船にキャンプセットを積み込んでアイランドトリップをしまくりたい。 釣りをしまくりたい。 オリジナルデザインのサーフボードを創って波乗りをしまくりたい。 水中銃を持って海へ、ライフルを持って山へ猟に出掛けたい。 自分のバーボンを創りたい。 バイクで大自然をかっ飛ばしたい。 小型飛行機を買って自由に大空を飛び回りたい。 とれたての素材でオリジナル料理を考えたい。 超すごい写真を撮りたい。 好きなだけプレステをやりたい。 イイ本を読みまくりたい。 すごいプロジェクター&音響を買ってイイ映画を観まくりたい。 イイ曲を聴きまくりたい。 猫と犬と魚をいっぱい飼いたい…

「大都会の表現ってなに？」

トークライブやギター1本ソロライブをやりたい。芝居・音楽ライブ・VJ・トークライブ・ポエトリーリーディングが混ざったようなカタチの「MIX LIVE」をやりたい。オレの魂を体現したBARやSHOPをやりたい。スピリッツのこもったかっこいいカタログを創って、自分たちのイイと思ったものを気軽に販売する通販をやりたい。見たこともないようなメチャクチャカッコイイ本を出版したい。竜馬の海援隊みたいな冒険隊を創りたい。その冒険隊で雑誌を出す。「大人の文化祭&体育祭」的な強烈な祭りをやりたい。奇妙な冒険人間塾をやりたい…

＜どちらでもあってどちらでもないもの＞

ひとり、ふたり、家族、仲間と世界中を冒険しまくりたい。でっかいバスでアジア横断飲み会キャラバンツアーをやりたい。サヤカを喜ばせまくりたい。家族を喜ばせまくりたい。

なるべくいっぱい誰かを喜ばせたい。いろんな人と気軽に酒を飲みたい。いろんな人の気持ちを知りたい。自分版「雨ニモマケズ」を完成させたい…

まぁ、暇なときはこんな事をノートに書きながら遊んでるんだ。

キミは人生になにを望んでいるの？

「好きなことをやり続けていくこと」
それが最高の仲間を創る一番の方法。

「興味があること」
それだけが俺の矢印。

「もう、寒いのはイヤ！ やっぱり南の島が恋しい！」
「今すぐ、ビーチでマッタリとした甘いラムが飲みてぇ！」
そんなわけで北極圏の旅を早めに切り上げ、トナカイのコートを脱ぎ捨て、
ビュ～ンっとワープしてきたフィリピン、パラワン島。

むわぁっとくる熱気と、ぐわぁっとくる人々、すかぁっと広がる海と空。
無人島だらけのサウザンアイランズ。
また、アジアの島々に帰ってきたぜ。

ココナッツ色の風、唐辛子＆ガーリックで炒めたエビ、冷たいビール、波の音、花と香の匂い、横揺れの音楽、くだらない会話、そして美人。
これだけ揃えば、あらゆるものが吹っ飛んで、「極上の幸せ」に包まれる。

幸せって、意外とシンプルかもしれないな。

頭の中に入ってきて、頭の中から吐き出されたコトバ。
それほど、うさん臭いものはない。

「名言」は、50回噛んでから使いましょう。

誰かに話している自分の言葉を聞きながら、
「へぇ、俺ってそんなこと想ってたんだ」なんて、
自分自身に驚いたりすることが多い。

ひとりでチカライッパイ押しても開かなかった扉が、
誰かと話すことで、知らないうちにスーっと開いてることがよくある。

なんか、大事なことって、
ひとりで考え込んでいるよりも、
何気ない会話の中にぽろぽろって出てくるんだよね。

やっぱり、「会話」って偉大だな。

俺はビビってないふりをするのが得意だけど、
それは精一杯の演技さ。
何事にもビビらない奴なんて、俺は信じない。

本当はビビりながらも、
口笛吹いてなにくわぬ顔でチャレンジを続け、
「イケてる自分」を少しずつ実感していくっきゃない。

「ビビってる自分」から目をそらさず、
「ビビってる自分」と握手して、
今日も裸になって街へ出掛けよう。

ただの「HOTな虫けら」でいたい。ずっと。

エッーーーーー！
なんかオレってウソくさい??
ショック…

ひとつの壁にぶつかったとき、いろんなことを考える。
でも、考えれば考えるほどズレていく感じ。
頭がこんがらがって、気持ちまでブルーになっていく感じ。
じーっと考えて、ひねりだした答えには、ろくなものがない。

やっぱ、オレのような動物系の人間は、
五感も六感も解放しながら、東奔西走疾風怒濤で動き回って、
インスピレーションを誘い込んでいくしかないみたいだな。
「答えは、必ずそのときの自分が知ってるぜ!」ってなもんよ。

止まったら死んじゃう「サメ」を見習って、
ずんずん泳ぎながら肌で水を知ればいい。

「他人を変えることは出来ないけど、自分を変えることは出来る」
大から小まで、たいていの問題はこの気持ちでクリアしてる。

世界中の街角で出逢う、痩せこけてぎょろぎょろした瞳をしたガキンチョ達。
左手でおなかをさすりながら、右手をオレに向かって差し出し、
「HUNGRY…MONEY…FOOD…」と泣きそうな声でささやく彼ら。

そんな哀しい瞳で見つめられるたび、オレは意味不明な罪悪感にかられながら小銭をあげたりあげなかったりしていたが、今日、ちょっとした発見をした。
たまたまヒマだったオレは、路上で右手を差し出してきたガキの横に並んで座り、一緒にコーラを飲み、彼の似顔絵を描いてプレゼントしてあげたんだ。
ノートの切れはしに描いた超へたくそな似顔絵なのに、ガキンチョは歓声を上げて大喜びしてくれた。
そのとき浮かべた笑顔は、お金をあげたときの笑顔とは比べモノにならないほど、かわいかったんだ。
ほんっと、いい顔してた。

飢えたガキンチョだけじゃなく、オレも同じだ。
お金はもちろん欲しいけど、
「誰かと優しく向き合って過ごす時間」っていうのが、
いちばん欲しいのかもしれねぇな。

オマエがかっこいいと想ってるんなら、
それでいいじゃん！

リアクションはいつも後からついてくるもの。
肩の力を抜いて、
自分の信じるかっこよさを追求していくのみだよ〜ん。

今、「ココロコ・アイランド」というサイコーのアイランド・ビレッジにいる。
そして、オレは「溶けて」いる。

地図にも、ガイドブックにも載っていない、小さな小さなパラダイス。
フィリピンのパラワン島プエルトプリンセサからローカルバスで5時間。小舟で45分。
スイス人の若いオーナーが創り上げた南国の秘密の島は、
プールサイドでまったりするための人工的な豪華リゾートではなく、若い奴らが気軽に来れて最高に楽しめるファンキーなネイチャーアイランド。
「リラックス」だけではなく「ナチュラル」を感じるハッピーなビレッジだ。

沖で捕れたエビをココナッツミルクとバター、ガーリックと唐辛子で炒めた極上のパラダイスカレーが喰えるし、島で採れたパインとバナナ、そしてタンダウェイラムをクラッシュミックスしたフローズンカクテルも飲めるし、島の植物だけで創ったシンプルで快適なプライベートコテージに1室2000円以下で泊まれるし、コテージからクリアウォーターをたった10メートル泳げば、サンシャイン水族館も土下座するほどの珊瑚礁と百花繚乱の魚たちがウヨウヨ泳いでるし、ビリヤードやダーツからビーチバレー、スカッシュ、卓球!?、ボードゲーム、カヌー、カヤックに釣道具、ウィンドサーフィン、シュノーケリングギア、ダイビングセット、スモール&ビッグボートまで遊び道具ならなんでもこい!状態。
テントを積んだ小舟に乗ってさまざまな島へのアイランドトリップも出来るし、超大物狙いのナイトフィッシングだって出来ちゃう。

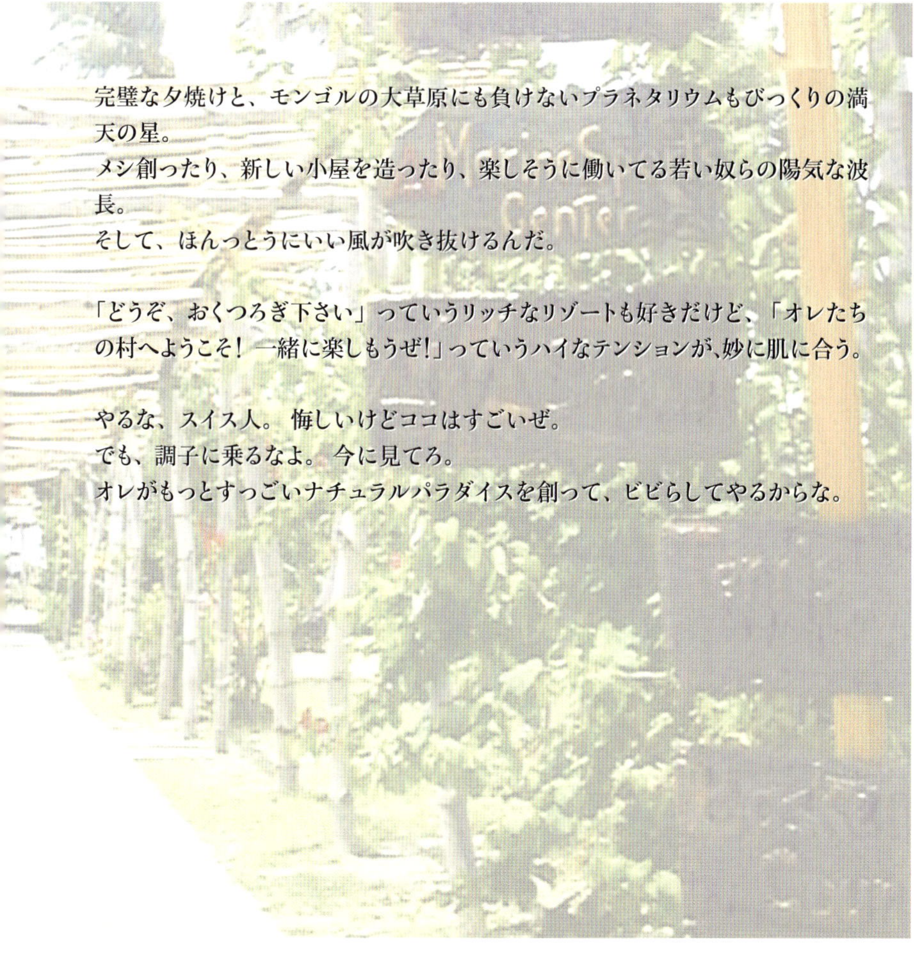

完璧な夕焼けと、モンゴルの大草原にも負けないプラネタリウムもびっくりの満天の星。
メシ創ったり、新しい小屋を造ったり、楽しそうに働いてる若い奴らの陽気な波長。
そして、ほんっとうにいい風が吹き抜けるんだ。

「どうぞ、おくつろぎ下さい」っていうリッチなリゾートも好きだけど、「オレたちの村へようこそ！一緒に楽しもうぜ！」っていうハイなテンションが、妙に肌に合う。

やるな、スイス人。悔しいけどココはすごいぜ。
でも、調子に乗るなよ。今に見てろ。
オレがもっとすっごいナチュラルパラダイスを創って、ビビらしてやるからな。

サヤカとふたりきり。
パラワン島沖に浮かぶジャングルアイランド。
誰もいないマングローブの密林をカヤックで抜けていく。

透明な水にオールを入れるたび、数百匹の小魚の大群がザッという音を立てながらいっせいに飛び跳ねる。
恐竜みたいなメチャでっかくてくちばしのとがった鳥が、怪しい鳴き声を発しながら低空飛行で頭の上を飛び去っていく。
紫色をしたシダのような植物が水中からにょろにょろと顔を出している。
アンモナイトとかシーラカンスが今にも出てきそうな「原始時代の海」みたいだ。

静かにスーッと水の上を滑っていると、時間が止まっているような感覚に支配される。
TOKYOにいたときの記憶が薄らいでいくのを感じる。

海とかマングローブとか小魚とか…
よく考えるとみんな地球上に人類が誕生する
ずーっと前から生きているんだよな。
大先輩なんだよな。

なんか人間って、後輩のくせに生意気だな。

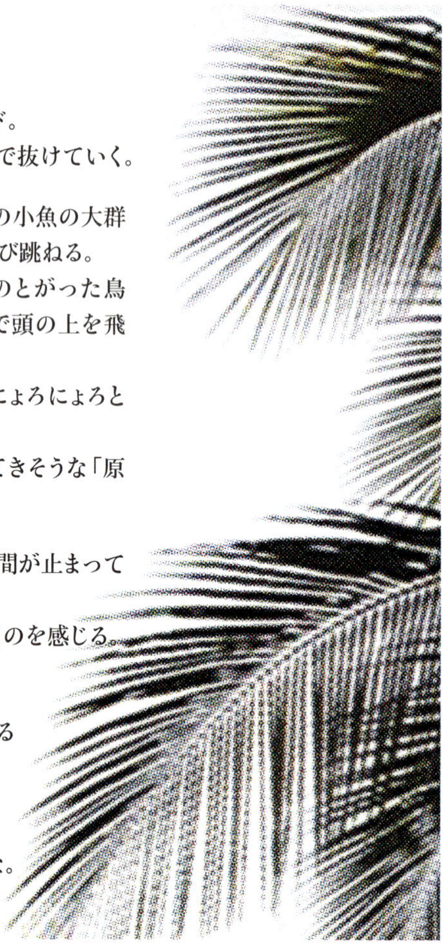

たくさんの人だけじゃなく、
たくさんのモノと友達になっちゃおう。

好きな人、好きなモノがふえればふえるほど、
毎日は楽しくなる。

「この海が好きだから、オレはこの海を守りたいんだ。 ただ、それだけだよ」
「昔から海を探検するのが大好きだったんだ。 だからこの仕事をしてる。 昔からの夢が叶ったってわけさ」
「美しいものが壊されていくのを見てると哀しくなるんだ。だからオレは戦ってる」
「高度なテクノロジーの溢れる都会の暮らしもいいけど、オレはシンプルなテクノロジーときれいな海があれば毎日サイコーの気分だよ」

スールー海で出逢ったフィリピンの海を守る男達。
毎日毎日、大好きな海に潜り、マジメに遊んでる奴らだ。
今まで「環境問題」ってものを語る人達にはいっぱい逢ったけど、こんなにかっこよくて気持ちいい奴らは初めてだった。

彼らの生き方やコトバはシンプルだったけど、
優しくて、強かった。
そして、めちゃくちゃHAPPYだった。

歩く道は、それぞれ違うけど、
同じ年齢の同じ男として、オレも負けてらんねぇな。

知識ではなく実感を。
バーチャルではなくリアルを。
明日ではなく今を。
主張ではなく愛を。
世間ではなくアナタを。

すべては、 ひとつ。
ココロの根を伝う。

オレの人生。
たった一度の人生。
燃焼する命。
溢れ出す生命力。
魂のフォーカス。
シンプルなパワフル。
魂のライン。
天のサイン。

おれは　いま　ここにいる。
オレハ　イマ　アイシテル。

すべては、自分が選んでる。

ココロの中心に、いつも澄みきった青空。
ココロの中心に、いつもすきとおる海。
ココロの中心に、いつも強く優しい愛の色。

自分自身の透明感を思い出す午後。

風が吹いてる。
オマエが笑ってる。

オレは歩き続ける。

PAGE OF S 「野獣」アユムと共に旅を続ける「美女」サヤカちゃんのページ

モンゴル、ロシア、フィンランド、北極圏、フィリピンの旅を振り返って…

サインバイノー！（こんにちは！：モンゴル語）
今回はモンゴル、ロシア、フィンランド、北極圏、そしてフィリピンまで行きました。ユーラシア大陸を横断し、すごい距離を移動したなという感じです。
モンゴルでは、ゴビ砂漠の大自然の中、1週間、遊牧民の人達と生活しました。水はとっても貴重で、少ししかなく、シャワーなんて当然ありません。食べ物は毎日羊肉が出て、トイレは大草原すべて…今までにない経験をしてきました。３日目くらいから頭がかゆくなったり、食べ物に飽きたりもしましたが、途中からもうどうでもいいや～って気分になり、遊牧生活を楽しんでました。
毎日何をしていたかといえば、たいていゲル（遊牧テント）の周りでゆっくりしてました。子供とヤギや羊を追ったり、馬に乗ったり、大草原を眺めたり、おばさんと食事の用意をしたり、ゆっくりと時が過ぎていました。ゲルの横で、歩と遊牧民の男の子バテルテンが、ギターとハーモニカを吹いて素敵な曲を演奏していました。とてもほのぼのしていて、なんだか嬉しかった。将来、私達の子供もバテルテンと同じ５才位になったら、歩と一緒にハーモニカを吹いたりするのかなあ…なんて想像しながら見ていました。
ロシアは、行く前は全く未知な土地でした。私の想像では、毛皮のコートや帽子をかぶったロシア人が、寒い中、立っているという暗いイメージでした。でも実際行ってみると、食べ物はおいしいし、建物が美しかったり、想像とは違って明るい国でした。特にモスクワにある、ボリショイ劇場でのオーケストラ・バレエは、とても素晴らしかった。
でも正直いって、バイカル湖に４日間いたときと、シベリア鉄道３日間の旅はやることがあまりにもないので飽きてしまいました。そこで、退屈だったシベリア鉄道内で、やったことを紹介します。

・とにかく食べる（手作りピロシキ、アイスなどとてもおいしいし、やることがないので）
・歩と語りあかす（これからの将来の事や、たわいもないことなど、いろんな話をした）

・寝る（あたりまえのことだけど、電車の揺れが心地良い）
・トイレに行く（思いたったとき、すぐに行かないと必ず誰かが入っているため）
・途中下車中に駅のホームへ買出し（おばさん達から食べ物を買ったり、飲み物調達のため）
・書き物をする（日記を書いたり、食べ物など忘れないようにメモしておく）

フィリピンではココロコ島、ドスパルモス島へ行き、島での生活ばかりでした。陽気でやさしい人達にたくさん出会いました。でも、会う人みんなが私を見て「フィリピン人？」「ベトナム人？」「ホンコン人？」…と言って、誰一人として私が日本人だとわかってくれる人がいませんでした。アジアの人達は全体的に顔が似てるとはいえ、なんとなく悲しかった。海がとても美しい島では、シュノーケリングやビーチバレーをしました。歩と泳ぎながら、白い珊瑚やイカを見たり、黒くて大きい魚の群れやエンゼルフィッシュも見ました。まるで水族館にいるようでした。ビーチバレーは、フィリピン人、ドイツ人、私たち日本人が混合で試合をしました。接戦になり、白熱した試合で楽しかったです。「久々にいい汗かいた」って感じでした。
ドスパルモス島を出発する前日、歩とふたりで島に小さな木を植えました。いつかふたりの子供たちを連れて、この美しい島にまた来れたらいいなと思いながら植えました。木の種類はパラワンチェリーです。美しい白い花が咲くそうです。

今回の旅で一番印象深かったのは、やっぱりモンゴルのゴビ砂漠での生活でした。つらかったこともあるけれど、とてつもない大自然には圧倒されました。何もないところだけれど、夕方にはまっかな夕焼けを見て、夜になれば満天の星を眺め、愛する人と一緒に感動できること…とても幸せなことだと思う。一生忘れられません。

私たちは、南極、オーストラリア大陸からアジア全土を巡り、ユーラシア大陸を横断し、北欧を抜けて遂に北極圏までたどり着きました。でも、まだまだ旅の本番はこれから。モロッコ、ケニア、ペルー、ジャマイカ、アラスカなどなど…行きたい国がたくさんあります。これからもふたりの貴重な旅の時間を大切に過ごしていきたいと思っています。
では、また手紙書きます。　さやか

EPILOGUE

from Ayumu Takahashi

今、オレたちはヨーロッパ・アフリカの旅のスタート地点であるロンドンにたどりついたところだ。「文明の快適さ」は非常にありがたいが、あまりの物価の高さに、早くも悲鳴をあげている毎日だ。

これからはパブの溢れるロンドンで飲みまくり、なんでもアリのアムステルダムで吸いまくり?、サヤカ念願のパリでお買い物をして、スペインのマドリッドでフラメンコに狂い、アンダルシア地方のまぶしい光をいっぱいに浴びながら西ヨーロッパ横断を終了。お次はスペインの南端のアルヘシラスから船でいよいよアフリカ大陸・中東に突入。モロッコでサハラ砂漠のオアシスを放浪し、エジプトでピラミッドの頂上からナイル川を眺め、紅海のシャルムシェイクで潜り、イスラエルの死海に浮き、3 大宗教の聖地であるエルサレムを歩き、ケニアのサバンナで動物達と暮らしながらサファリ。ビクトリア湖で数千羽のフラミンゴに涙した後、アフリカ大陸最南端の南アフリカ喜望峰まで…っていうようなアバウトな予定を立てている。

もうすぐ、西暦 2000 年だね。
「行く年来る年フェチ」のオレとしては、なんとしても大晦日までには、喜望峰にたどり着き、日本に一時帰国してテレビの前でコタツに入って除夜の鐘を聞きたいな、と想っている。
愛ネコの「元気」とじゃれながら、コタツでミカン喰いてぇ〜。
それじゃ、また逢えるときまで。

LOVE YOURSELF.
SEE-YA!

1999.9.17　高橋 歩

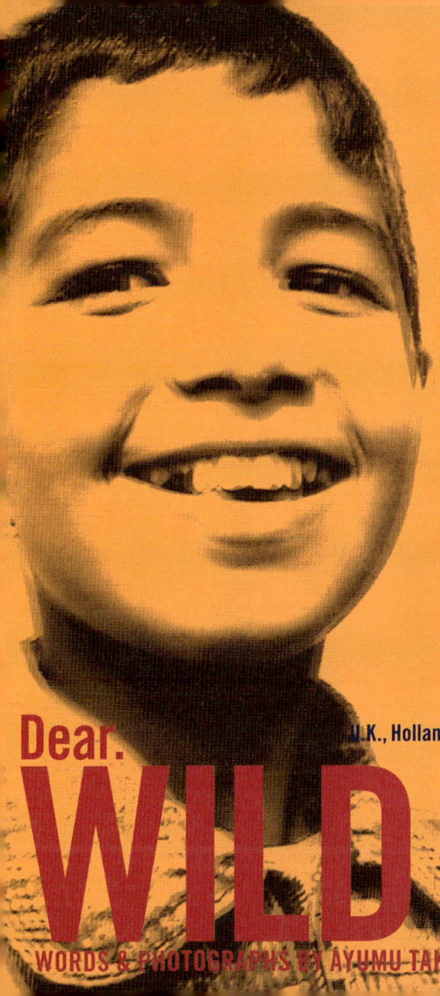

Vol.4 "BEAUTIFUL"

U.K., Holland, France, Spain, Morocco, Egypt, Israel, Kenya, Mauritius

Dear.

WILD CHILD

WORDS & PHOTOGRAPHS BY AYUMU TAKAHASHI / PUBLISHED BY FACTORY A-WORKS

PROLOGUE

おっす！　元気かい？　オレタチも、なんとか無事に生きてるよ。

さてさて。今回の VOL. 4は、ヨーロッパ&アフリカ編だ。
イギリスはロンドン&リバプール、オランダはアムステルダム、フランスはパリ、スペインはマドリッド〜バルセロナ〜マラガと南下を続け、スペイン最南端のアルヘシラス港からジブラルタル海峡を越えて、船でアフリカ大陸へ上陸。サハラ砂漠のモロッコ、ピラミッド&スフィンクスのエジプト、危険がいっぱいのイスラエル、野生の王国が広がるケニア、世界ナンバーワンビーチを持つアイランドパラダイスのモーリシャス、というルートで旅を続けた。

今回の旅のイメージ…それは、やっぱり、「BEAUTIFUL」の一語に尽きる。
街並み、教会、古城、砂漠、遺産、海、空、花、動物、音楽、虹、天の川、朝焼け…
そして、さまざまな人間の営み。
予想を超えるたくさんの美しいものに出逢い、「すげぇ…」というコトバを連発し続ける日々だった。オレのココロにある「美しいものセンサー」は、作動しっぱなしだった。
自然が創り上げたものだろうと、人間が創り上げたものだろうと、やっぱり、美しいものは偉大だ。
美しいものは、ただそこに存在しているだけで、生きる喜びをおもいっきり感じさせてくれる。
美しいものは、ただそこに存在しているだけで、人間を優しい気持ちにしてくれる。
今回の旅は、そんな美しいものの持つパワーを、実感させられる旅だった気がする。

治安の悪い国が多くて、デンジャラスな出来事もいくつかあったが、なんとかサヤカとふたりでサバイバルし続けた、この 100 日間。
なぜか、オレのココロに眠っていた日本人としての自分、大和魂を今までより強烈に意識させられた、この 100 日間。
愛用のピカチューノートに綴ったコトバと、まぶたに映った風景を記録した写真に想いを込めて。「DEAR.WILD CHILD　VOL. 4 BEAUTIFUL」お届けです。

ROUTE&MEMORY
U.K., HOLLAND, FRANCE, SPAIN, MOROCCO
EGYPT, ISRAEL, KENYA, MAURITIUS

ROUTE&MEMORY***

U.K., HOLLAND, FRANCE, SPAIN, MOROCCO, EGYPT, ISRAEL, KENYA, MAURITIUS

1. U.K. *London

これが世界の３大都市？と、ちょっと疑問を持ってしまったロンドン。ショップやカフェもセンスないし、パブのビールもマズイし、サーモン以外はすべての食い物が粗くてマズかった。サヤカとふたりで街中を歩き回りながら、「ちょっと期待はずれ〜」なんて、珍しくグチっていた。

2. U.K. *Liverpool

愛するジョン・レノンの育った土地。マシュー St、ペニーレイン、ストロベリーフィールズ…と、憧れの土地を歩く。キャバーンに残るジョンのデビューライブのステージに立ち、無名の頃のジョンの気持ちを想う。住宅地の外れにポツンと残っている彼の実家の前で、ずっと空を見てた。

3. HOLLAND *Amsterdam

オランダの首都。Drug&Sex フリーの無法地帯。人種も性別も絶妙に乱れていて気分がいい。インドネシア料理と中華料理のミックス料理が妙にうまい。ミニギャラリーやアンティークマーケットも刺激的。「レッドライト」と呼ばれる売春街の怪しすぎる空気に溶け、カオスを感じる。

4. FRANCE *Paris

「誰もがデザイナー」と感じさせる街。裏道のさびれたカフェまで、いちいち個性的なのには驚き。生カキとワイン三昧。平凡な定食（ムニュ）も美味。喰い飲みまくりの日々。自分の国にプライドを持ちつつ、世界のイイものは吸収しようとする余裕も感じられて、気持ちのいい空気を持った街だった。

5. SPAIN *Madrid

スペインの首都。午後2時から5時までシエスタタイム（昼飯&昼寝）で、街中が眠ってしまうというすごい街。夕食のレストランも午後 8:30 オープンが多く、「腹へったぁ〜！」と叫び続けていた日々。朝からビールを飲みながら唄っているデブっちょオヤジに囲まれて愉快な時を過ごす。

6. SPAIN *Cardona

荒野にたたずむ古いお城の街。10世紀に出来たというお城に泊まる。地元民に宇宙人でも見るような眼で見られながら、サヤカとふたり、夕焼けに染まるレンガの街並みを歩く。小さな教会の鐘の音を聞きながら、一瞬、中世ヨーロッパへタイムスリップした。

7. SPAIN *Barcelona

建築家アントニオ・ガウディの作品を見に行った街。期待を超える感動だった。魂のこもった作品群から漂うエネルギーに浸りながら、「オレも負けねぇ」と誓う。石造りの建物すべてがアートしている裏の小道を歩きながら、地元の小さなマーケットをはしごする。

8. SPAIN *Malaga

地中海のビーチ。ピカソの育った街でもある。広大な古城を背に海の色と空の色を眺めながら、初めて地中海の風に吹かれる。トップレスのねえちゃんがはしゃぐ夕方のビーチで、サヤカの厳しいチェックを受けながら、おとなしく過ごす。海岸に溢れていたノラ猫ファミリーと遊ぶ。

9. SPAIN *Algeciras

アンダルシアの大地を抜け、ようやくだどり着いたスペイン南端の港。ヨーロッパとアラブの混じる異様なカフェの空気。ロンドン留学帰りのハッチャケ娘レナチャンと合流し、アフリカ大陸モロッコへの船に乗り、ジブラルタル海峡を越える。

10. MOROCCO *Tangier

北アフリカ、モロッコの玄関口となる港町。夕焼けがきれいだった。船を下りた途端に群がってくるインチキガイド達を振り払いながら宿を探す。雨期のため大雨で大変。気のいいモロッコ人に羊の串焼きをオゴってもらいながら、断崖絶壁を走るジェットコースターバスに乗ってフェズへ向かう。

ROUTE&MEMORY***

U.K., HOLLAND, FRANCE, SPAIN, MOROCCO, EGYPT, ISRAEL, KENYA, MAURITIUS

11. MOROCCO *Fez

1000年以上の昔から変わることのないアラブの迷宮都市、フェズ・エル・バリ。裏道で変態1号出現。ダッシュで逃げる。延々と続くスーク（商店街）を歩き回り、陶器やじゅうたんなどのデザインに惚れまくる。羊が殺されてさまざまな商品になっていくまでの生々しいプロセスを見る。

12. MOROCCO *Erfoud&Merzouga

サハラ砂漠。月明かりのもとで砂漠の一夜を過ごす。この旅で一番のビッグな「天の川」に感動。久しぶりに魂の震えたアフリカン・ミュージックを生で聴く。バスステーションで弾き語りをしていたら子供が100人くらい集まってきて、ケンカも始まっちゃって、暴動状態。やばいやばい。

13. MOROCCO *Marrakech

毎日が縁日。フナ広場の屋台群で魚フライをほおばりながら、大道芸を見て回る。裏道で変態2号出現。シャウトして追い払う。怪しいスーパーで食材を仕入れ、モロッコ風パスタをふたりで創って喰う。砂漠で入手したブルーマンと呼ばれるノマド（遊牧民）の青ターバンを頭に巻き、夜の街をさまよう。

14. EGYPT *Cairo&Giza

世界最悪の極悪運転マナー都市。何度も死にそうになる。まとわりつくインチキ商人との絶え間ないバトルを終え、夕焼けの丘に立ち、ピラミッド&スフィンクスを見ながらの時間旅行に酔う。汚い地元のカフェでシーシャ（水タバコ）を吸いながら、ティーを飲み、エジプトに染まる。

15. ISRAEL *Jerusalem

キリスト教・ユダヤ教・イスラム教の聖地、エルサレム。厳しすぎる入国審査に怒る。テロ警戒で小さなデパートに入るのにも厳しいボディチェックがあり、うんざり。ライフルを担いだ軍人と、黒服&ルパンもみあげのユダヤ教徒の間を、トコトコ歩き回る。サイコーのレストランで結婚1周年を祝う。

16. ISRAEL *Old Jaffa

「イスラエル」のイメージに反してかっこよすぎるアートな街。海沿いの丘にある芸術家達のビレッジ。溢れるギャラリー兼ファクトリー。芸術家達による数々のワークショップ。気持ちいい場所に暮らす気持ちいい奴らと、気持ちいい時間を過ごす。

17. ISRAEL *Dead Sea

塩分濃度が非常に高いため、水面に浮きながら雑誌を読めることで有名な「死海」。サヤカは念願の泥パックエステを堪能。鏡のような死海の水面に映るヨルダンの山々を見つめながら、ゆっくりと読書…と思いきや、空を飛び去る戦闘機の爆音に耳がおかしくなる。

18. KENYA *Nairobi

ここ数年で一気に凶悪化した危険都市。ダウンタウンの夜のひとり歩きは99%の確率で強盗に出逢える素敵な街。夜中の空港は、ほとんどスラム状態だった。爆破されたアメリカ大使館を見ながら、そんなに暴れ回らずにおとなしくサファリの準備をする。

19. KENYA *Amboseli N.P&Lake Bogoria N.R&Masai Mara N.R

野生の王国。ひたすらサファリドライブを続ける最高の日々。でかすぎるゾウの群。雨の中の子象の出産。朝焼けに舞う数万羽のフラミンゴ。容赦なくシマウマを喰いちぎるライオン。そして、悠然とサバンナを歩くマサイ族の人々。大自然のエネルギーに溶け、ただただ感動の毎日。

20. MAURITIUS *Grand Baie

モーリシャス唯一の安宿街、グラン・ベ。マウンテンバイクを借り、ふたりで地元のビーチを制覇する。数メートルもある巨大ブルーマリーンの世界的に有名なフィッシングポイントで、キャプテンフックのようなおじさん達と、釣り談義に花が咲く。

21. MAURITIUS *Ile Aux Cerfs

「世界一美しいビーチ」と呼ばれるイレオ・セルフ。ビーチサイドのバーでレゲエを聴きながら、ゆっくりとビールを。まさに、天国。ふたりで小さなカヤックを借り、極上の時間を過ごす…が、途中で強烈なスコールに降られ、今度は一気に転覆の危機にさらされる。

Vol. 4

"BEAUTIFUL"

U.K., Holland, France, Spain, Morocco, Egypt, Israel, Kenya, Mauritius

世界放浪を続けているうちに、
大事なことがどんどんシンプルになってきた。

大きなもの、広いもの、複雑なものに触れれば触れるほど、
大事なことは小さく小さく絞られていく気がする。

おやじ、おふくろ、弟、妹、彼女、仲間…
「大切な誰か」のために始めた小さなことが、
結果として大きな世界をHAPPYにしていくことになる。

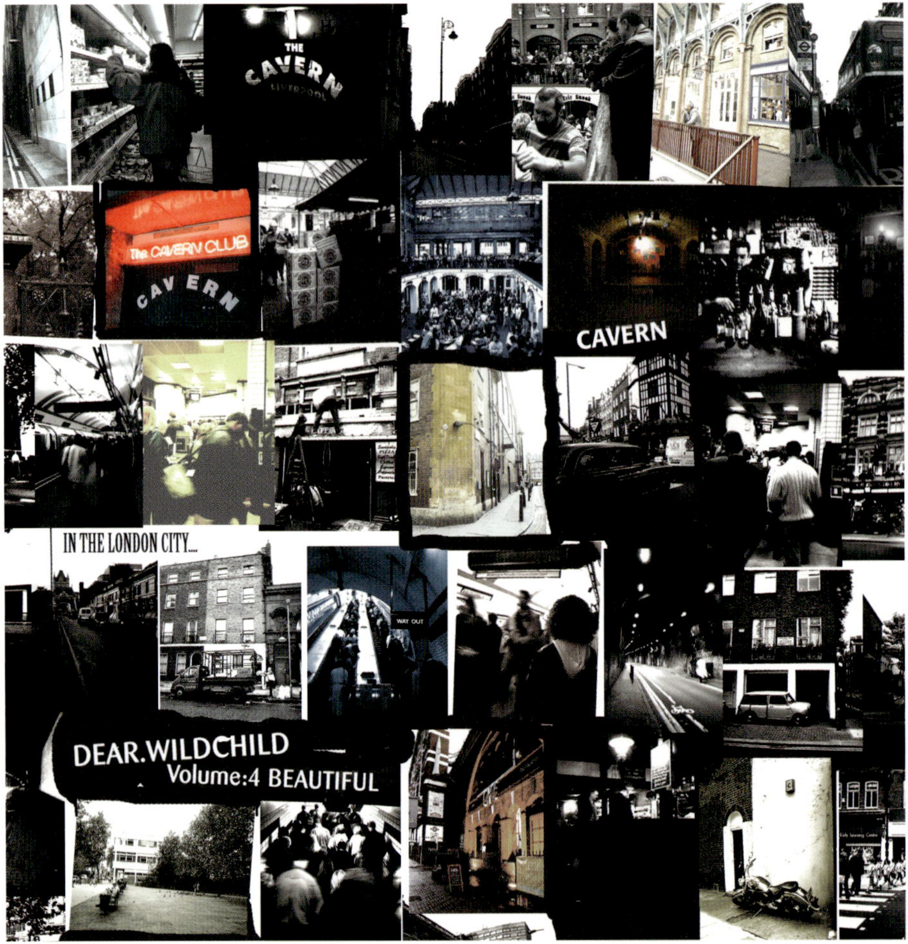
THE
CAVERN
The CAVERN CLUB
CAVERN
CAVERN
WAY OUT
IN THE LONDON CITY...
DEAR.WILDCHILD
Volume:4 BEAUTIFUL

IN THE LONDON CITY

サヤカとふたり。
ハンバーガーやサンドイッチを片手に、
1週間かけて、LONDONを隅から隅まで「偵察」してみた。
流行のショップやカフェ、あらゆる劇場街、学生街、場末のパブ、郊外の団地やスーパーやバスや地下鉄などなど…

あれれ? コレがロンドン?
たいしたことないじゃん!

「ロンドンって、すげぇ街なんだろうな」なんて勝手に想っていた自分が、アホ臭くなった。
たった1週間だけど、少なくともオレの中で、原因不明な妙なコンプレックスは完全に消え失せた。

今の時代、東京もロンドンも「舞台」は、同じだ。
これからは、JAPAN ORIGINALなものをどんどん世界に発表して、
世界を追いかけるんじゃなく、
世界に追いかけられるようにしたい。

そう誓いながら、
場末のロンドンパブでビール片手に、熱く語っているオレです。

旅を続けながら、どこに行っても誰に逢っても、
オレがオレであり続けられることに、自信を持ててきた。

ただひとつ。
世界中の同世代の奴らと語っていて、いつも「負けた！」と思うことがある。
それは、「自分の国への誇り」だ。

世界を放浪してると、自分が日本人であることを「実感」する。
そして、日本人なのに日本のことを全然知らない自分に驚く。
恋人や映画の話をするのと同じテンションで、ナチュラルに自分の国の政治や歴史について語る各国の同世代の奴らといると、なんだか同じ地球の上に暮らしている人間として、自分は地に足がついていない気がして、正直、ちょっと悔しくなるときがある。

やっぱり、オレは日本人なんだし、「日本のこと」をもっともっと知りたいと想った。
「自分の国の歴史や現実」についての話を「堅い話」とチャカしたり、
「愛国心」みたいなものを「右翼」とか言って変にタブーにするのは、
なんだか、ダサイ。

まず、「日本というオレの地面」に、しっかり足をつけなきゃ。

そんなわけで、最近は路上に座り込んでコーラ片手にタバコを吹かしながら、
日本の歴史の本にハマっています。
でもさぁ、おもしろいね、日本史って。
「日本史？　うぜぇよ」なんて言って、いつも授業をバックれていた高校時代の
先生に逢わす顔がないよ。
スダセンセイ、ゴメンね。

RESTAURANT
CRUSTING PIPE
WINE BAR

251

IN THE LIVERPOOL

曇り空の午後。
タバコをふかしながら、
JOHN LENNONが育った街を歩いた。
メンラブストリート、ストロベリーフィールズ、ペニーレイン、マッシューストリート、キャバーンクラブ…

首都のロンドンからバスで数時間。
住宅が建ち並ぶ静かな田舎町だった。
日本で言えば、千葉の郊外あたりのエリアかな。

オレの中で「超大好きだけど絶対に負けたくない人間ベスト3」に入るジョンが、
スラムでもなく、難民キャンプでもなく、貴族の大富豪でもなく、
こんな平凡な中流階級的な風景の中で育ったことに、
大きな共感と、自分への希望を感じた。

偉大な人物と自分を比べるとき、
「生まれつきの違い」「生い立ちの違い」という言葉を使った途端、
いつもエネルギーを失っていたから。

〜あのJOHN LENNONもこんな平凡な風景の中で育った〜
この小さな実感は、オレの強力なエネルギーになる。

アナタは、なにを探してるの?

世界を旅し始めて、もうすぐ1年が経つ。
オレが想うに、HAPPYな旅のポイントは「地図」だ。

ありきたりのガイドブックの説明や写真にとらわれることなく、現地で買った地図をながめながら、自分の感じた「楽しそうなニオイ」みたいなものに正直になれれば、すべてはHAPPYな方向に導かれていくみたいだ。
ガイドブックの内容を確認する旅になっちゃ、もったいないもんな。

オレの場合、地図を見るのは最初から苦手じゃなかった。
なんたって、「PIZZA-LA最速」と言われた伝説の津田沼店でピザを運びながら、毎日何十回も緻密な地図と格闘してたからね。
今想えば、時給800円で死にもの狂いでピザを運んでたことも、大きな意味があったって訳だ。

ホント。
人生、何が役に立つかわかんないもんだな。

サヤカ念願の超高級デパート、英国ハロッズ本店。

ハロッズのロゴ入りエプロンを1枚買ってあげただけで、
サヤカは本当に嬉しそうに笑ってた。

「エプロン1枚でそんなに喜ぶなって。 そのうちハロッズごと買収してプレゼントしてやるからよ…」
なんていうオレの熱いトークを完全に無視して、涼しい顔で料理の話を始めるサヤカ。

出逢った頃は、瞳をキラキラさせて聞いてくれたのになぁ。
あ～あ。 変わっちゃったな。

WAY OUT
裸の自分に、誇りを持って生きる。

やれば、わかる。

アムステルダムの駅の売店に行くと、10カ国語以上のあらゆる新聞が山積みだ。
アムスに限らず、世界の主な大都市のほとんどは、いろんな人種が乱れまくっている「ミニ地球村」みたいだ。

いろんな奴に出逢えば出逢うほど、「何人はこうだ」なんて、どうでもよくなる。
日本人にもスキな奴とイヤな奴がいるように、どの国にもスキな奴とイヤな奴がいる。
根本的には、人種なんて関係ないね。

「オレという人間。 アナタという人間。」
ただ、それだけから始めよう。

オレにとってはダイアモンドでも、
アイツにとっては石ころかもしれない。

オレは自分のココロの声に正直に歩いた結果としてダイアモンドを見つけたけど、
アイツのココロの声は、違うものを探してるかもしれない。

ココロの声は、本人しか聞こえないもの。
誰もが、ダイアモンドをきれいだと想うわけじゃない。

上手な言葉を使って、アイツのココロの耳をふさぎ、
「ダイアモンドの価値を信じ込ませること」は、見えない犯罪なんだ。

悩んでいる人、頼ってくれる人には、「元気」を渡すだけでいい。
「自分と同じ道」に誘う必要はない。
だって、誰もがかけがえのない「自分自身の道」を持って生まれてきてるんだから。

オレがアイツに伝えられることは、
「自分のココロの声に耳を澄ませてみなよ」ってことだけさ。

なんだか集中したいんだけど、どうしても集中できないときは、
「ネコの鳴きマネ」をしてみるといいぜ。

「にゃお〜、にゃお〜」（う〜ん、ちょっと違うなぁ）
「ねにゃ〜おぅ、ねにゃ〜おぅ」（あっ、似てきた!）

だまされたと想って、ココロから真剣にネコの鳴きマネを究めてみなよ。
けっこう簡単そうで難しいから、10分やってると、かなり集中してくるよ。

ニョロ坊ぐんだん

新しいアイデアを考えてるんだけど、どうしても思いつかないときは、
「想像上の生き物」をノートに描いてみるといいぜ。

「コロンさん」「にょろ坊」「わびさびくん」「まにもに」「なごみ虫」…
ちなみに、オレの最近のヒット作は、「プリン爺」だね。

だまされたと想って、適当にペンを動かしながら落書きしたキャラに名前を付けてみなよ。
けっこう難しそうで簡単だから、10分やってると、かなり頭がふにゃふにゃしてくるよ。

世界は広い。
人間は深い。
オレは、まだまだ知らないことが多すぎる。

すべてを知りたい。 すべてを感じたい。
それから、ゆっくりと自分のやるべきことをやっていきたい。

でも、長く生きても残り5、60年。
「人生の持ち時間は限られている」という静かなリアル。

さて。 オレは、今、今日、今月、今年、この有限な時間をなにに懸ける?
優先順位の付け方が、人生を大きく左右するね。

ちなみにオレの優先順位の上位は、
「うめぇ!」「すげぇ!」「よっしゃぁ!」「しぶい!」…
そんな感覚かな。

たまに、「もうひとりのオレ」が自分に問いかけてくる。

日本も含め世界中でこんなに苦しんでいる人がいるというのに、
オマエは自分の楽しみばかりを追求して生きていて本当にいいのか？
苦しんでいる人たちのために、オマエは何かを始めなくていいのか？

でもね。

ボランティアや寄付や慈善活動だけが、他人の役に立ってるわけじゃない。
人にはそれぞれの役割がある。
みんなが、それぞれ自分自身のココロの声に正直に、
やるべきことを一生懸命やればいい。

オレは、オレの大好きなことを通して、オレを表現し続けるだけ。

それが、結果として誰かの役に立てばサイコーだと想ってる。

「祭」という赤文字の刻まれた日本手ぬぐいを頭に巻いて、シャンゼリゼ通りを歩くオレ。
ガラスに映った自分の姿を見て、我ながら、
「ホント、オレってパリが似合わないぜ」と笑っちゃう。

まぁ、似合わないから言うわけじゃないけど、
パリパリパリパリ言いながら、無条件にフランスに憧れてる日本人の空気に触れると、ちょっと違うんじゃねぇかな、と疑問が湧いてくる。
オレタチ日本人がパリ風やロンドン風のかっこよさを追いかけるのは、逆にダサイ感じがするんだ。

フランス人はフランス風のかっこよさを。
イギリス人はイギリス風のかっこよさを。
アメリカ人はアメリカ風のかっこよさを。
日本人は日本風のかっこよさを。
まずは自分の国のオリジナルを究めて、
どうせなら、マネするよりマネさせたい気がする。

オレタチ若い奴らが中心になって、
日本風のかっこよさをもっともっと研究して世界に表現していきたい…

観光客の溢れるセーヌ川沿いのベンチに座り、タバコを吹かしながら、
もっともっと日本をかっこよくしたい、と強く想うオレ。
まずはオマエがかっこよくなれ、と笑う青空。

仲のいいおじいちゃんとおばあちゃんの背中を見てると、
ほんと、あったかい気分になる。

元気なおじいちゃんとおばあちゃんの歌声を聞くと、
ほんと、元気が出てくる。

赤ちゃんの無垢な笑顔は、まっすぐなパワーをオレにくれるけど、
老夫婦の年季の入った愛情は、柔らかいパワーでオレを包んでくれるみたいだ。

オレだって、
泣きたい夜もあるさ。

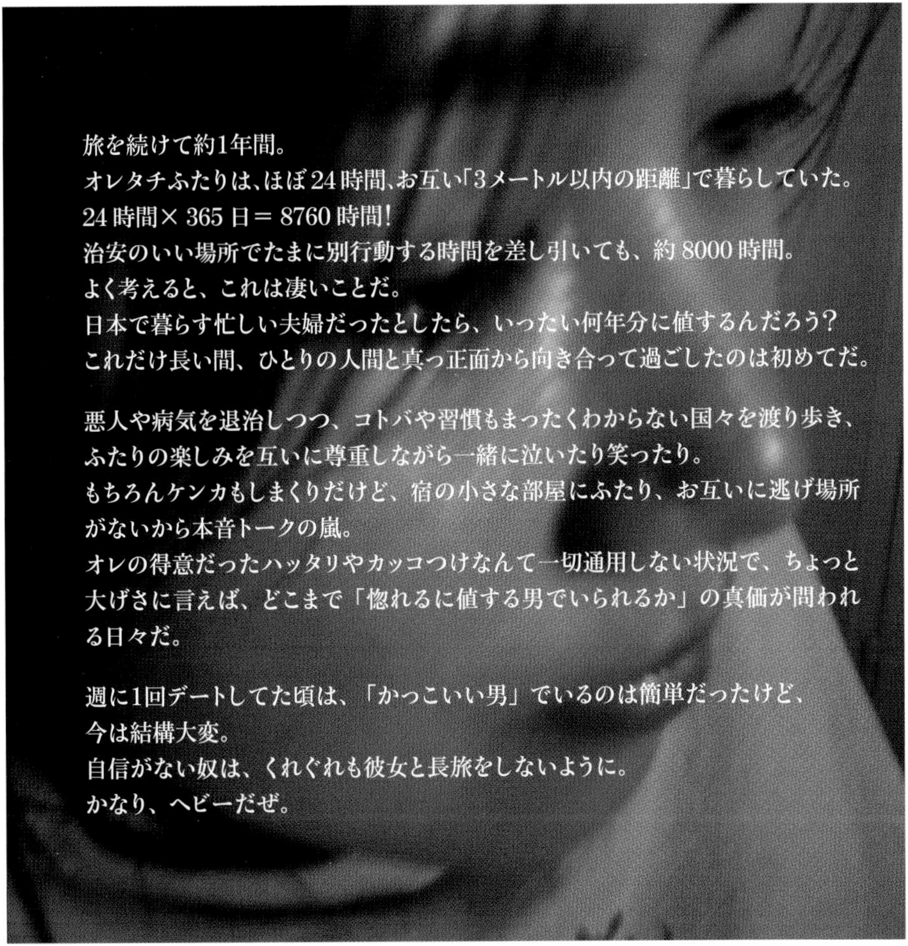

旅を続けて約1年間。
オレタチふたりは、ほぼ24時間、お互い「3メートル以内の距離」で暮らしていた。
24時間×365日＝8760時間！
治安のいい場所でたまに別行動する時間を差し引いても、約8000時間。
よく考えると、これは凄いことだ。
日本で暮らす忙しい夫婦だったとしたら、いったい何年分に値するんだろう？
これだけ長い間、ひとりの人間と真っ正面から向き合って過ごしたのは初めてだ。

悪人や病気を退治しつつ、コトバや習慣もまったくわからない国々を渡り歩き、
ふたりの楽しみを互いに尊重しながら一緒に泣いたり笑ったり。
もちろんケンカもしまくりだけど、宿の小さな部屋にふたり、お互いに逃げ場所がないから本音トークの嵐。
オレの得意だったハッタリやカッコつけなんて一切通用しない状況で、ちょっと大げさに言えば、どこまで「惚れるに値する男でいられるか」の真価が問われる日々だ。

週に1回デートしてた頃は、「かっこいい男」でいるのは簡単だったけど、
今は結構大変。
自信がない奴は、くれぐれも彼女と長旅をしないように。
かなり、ヘビーだぜ。

日本にいても、
世界を旅していても、
仕事をしていても、
遊んでいても、同じ。
どこにいるか、なにをしているかは、
たいして重要じゃない。

オレが日々の生活を送っていく中で、
オレの周りにどれだけたくさんの
「小さなHAPPY」が生まれているか。

それが、大切だ。

花を美しいと感じるココロは、全世界共通だね。

マドリッドの夜。

「アイツ、元気にしてるかなぁ」なんて、
日本にいる仲間のことを考えてると、オレも元気が湧いてくる。

どこで暮らしていようとも、「人間のココロの根」は、つながっているらしい。

それぞれの場所で。
それぞれの方法で。
それぞれのペースで。
ただ、「同じ時代」を生きよう。

そして、一生、うまい酒を。

心ないボランティアよりも、心あるバーテンダーのほうが、
世の中の役に立っていることが多い。

心ない政治家よりも、心ある掃除のおばちゃんのほうが、
世の中に役に立っていることが多い。

「心ある仕事」をしている人は、みんな、かっこいい。

世界中の路地を歩きながら、たまにそんなことを想うんだ。

サヤカと買い物をしてると、なんだか、あったかい気持ちになることが多い。

「○○くんって、こういうの好きなんじゃない?」
「○○ちゃんってカエル好きだから、これ買ってあげよう」
「ねぇねぇ、○○の誕生日って来週だよね。 今から絵ハガキ送っても間に合うかなぁ?」
「あっ、そういえばお母さん達、結婚30周年だ。 似顔絵でも送ろっかなぁ」
そんなことばっかり言いながら、ホントに楽しそうに「他人への小さなプレゼント」を探している。

友達へ、兄弟へ、両親へ…
手紙で、電話で、プレゼントで…
無理のない範囲で、小さな小さな優しさを積み重ねている。

こういうの、見習わなきゃな…
って、いつも想いながら、面倒くさがって実行していないオレ。

誰かの「ひとこと」で、急に幸せな気分になるときがある。
誰かの「ひとこと」で、完全に人生が変わる人もいる。
誰かの「ひとこと」を支えに、一生を生きていく人もいる。

ヒトツヒトツ　ノ　コトバ　ニ　アイヲ。

すっごく難しいけど、
それが一番シンプルで、
一番大きな優しさの表現方法かもしれない。

最近、ガウディ三昧の日々。
はっきり言って、
彼の作品に触れるためだけにスペインに来てもイイくらいの衝撃があった。

「命を削ってでも徹底的にこだわる」
彼の造った建築物のそばにいると、
そういう空気がビンビン伝わってくる。

こんな凄い作品も、1枚の紙の上に描かれたスケッチから始まってる。
そして、さまざまな職人達の手によってカタチになった作品は、
地元の人々に利用され、愛されるだけでなく、
毎年、何十万という人々が世界中から訪れ、
この作品によってエネルギーをもらっている。
そんなストーリーを想像しただけで、尊敬と共に、
「オレも頑張るぜ、ガウちゃん!」なんて、パワーが湧いてくる。

なんであろうと、魂のこもった「仕事」は、他人を元気にしてくれる。

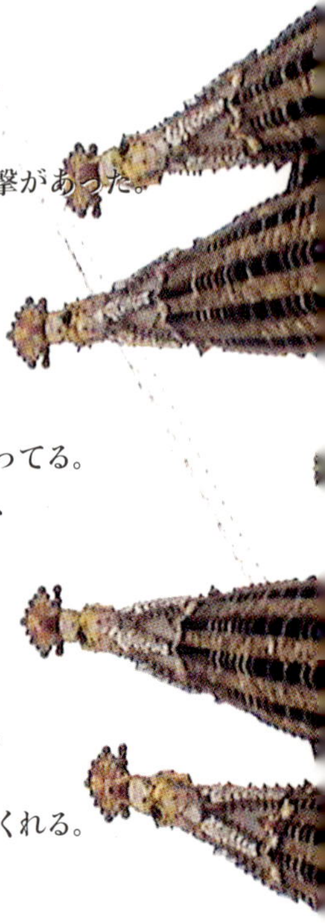

「自分のココロの声に正直に」なんて言っても、
そんな「ココロの声」は、いつ、どんなふうに聞こえるんだろう?

自分の場合をいろいろと思い出してみると、
動き回っている激しい時間の直後に訪れる「透明な時間」。
例えば、「台風通過直後のピーカンの海」「祭りの後の静けさ」「激しい曲の後のバラード」みたいな時間に、なにかが聞こえることが多い気がする。

めちゃくちゃ楽しかったり、めちゃくちゃ悲しかったり、めちゃくちゃきれいだったり、めちゃくちゃ腹が立ったり、めちゃくちゃ気持ちよかったり、めちゃくちゃおいしかったり、めちゃくちゃ驚いたり…
「めちゃくちゃ~~」な気分の直後、一瞬、自分だけの世界に入っちゃって、
なんだかアタマがぼぉ~っとして、
ココロがふわぁ~っと透明な感じになって、
なにかを思い出すように「自分のココロの声」が聞こえてくるような気がする。
「あっ、そうか。 うん。 そうだよなぁ」なんて、
なんだかスッキリしなかったことが、突然、スッキリすることがある。

自分のココロの声に「答え」を聞くコツがあるとすれば、
それは、常に、迷いや疑問や質問を「二者択一」にしておくことだと想うよ。
「どうしよう?」ではなく、「どっちにしよう?」にしておくと、
意外とクリアな答えが、突然、聞こえてくることがあるよ。

後は、「自分のココロがそう言っている気がする」という感覚以外に、
なんの理由も、なんの説得力もない、その「答え」を、
どれだけ自分が信じられるか、だよね。

疲れて八つ当たりしたり、
思いやりのない言葉を投げかけたり、
小さなことでイラついてみたり…

日常生活の中。
「わかっちゃいるけど…」
そんなことは、まだまだ多いなぁ。

「理想の自分と現実の自分の差」を感じるたびに、
本に書いたコトバ達が自分に返ってくる。
まぁ、自分は自分で教育するっきゃない！
大きな人間を目指す小さな人間の旅路は、
まだまだ続きそうだ。

一生懸命、相談にのってくれてありがとう。
でも、ワタシが知りたかったのは、「あなたの答え」ではないみたい。
きっと、「ワタシが考える手伝い」をして欲しかっただけなの。

アイツの瞳が、オレにそう言ってた。

ヨーロッパ人もアジア人も、「人間チーム」の仲間だ。
それぞれに合った打順を打ち、ポジションを守りながら、
一緒にハッピーな世界を創ろうぜ。

オレは、いま、ヨーロッパの旅を終え、
スペイン南端の岬アルヘシラスに立ち、船を待っている。

対岸には、広大なアフリカ大陸が広がっている。

ヨーロッパからアフリカへ。
ジブラルタル海峡を越える船の甲板。
ある船乗りのおじさんが言った。

「オレは20年間、世界中をずっとずっと航海してきた。 繰り返される日々が嫌いだったからな。 でも、愛する女性を見つけた日から、オレは変わった。 今は、愛する妻と子供達と一緒に暮らすために、このジブラルタル海峡を1日2往復するだけの繰り返される毎日を過ごしてる。 でも、神に誓って言う。 今が、一番幸せだ。 オレの冒険は、彼女という宝を見つけることで終わったんだ」

そして、キザでかっこいい船乗りは、最後にオレに聞いた。

「オマエは、愛する女性という宝を既に見つけている。 いったい、他にどんな宝を探して旅してるんだい?」

スッキリ爽快

はっきり、言っちゃえ。
お金儲けのためなら、「お金儲けたいんだ」って、言っちゃえ。
負けちゃったんなら、「負けちゃったよ」って、言っちゃえ。
そのほうが痛快じゃん！

オレとオマエの間に、「それらしい理由」なんていらないんだ。

オレはオマエが好きだから、
ただ、一緒に歩きたいだけなんだよ。

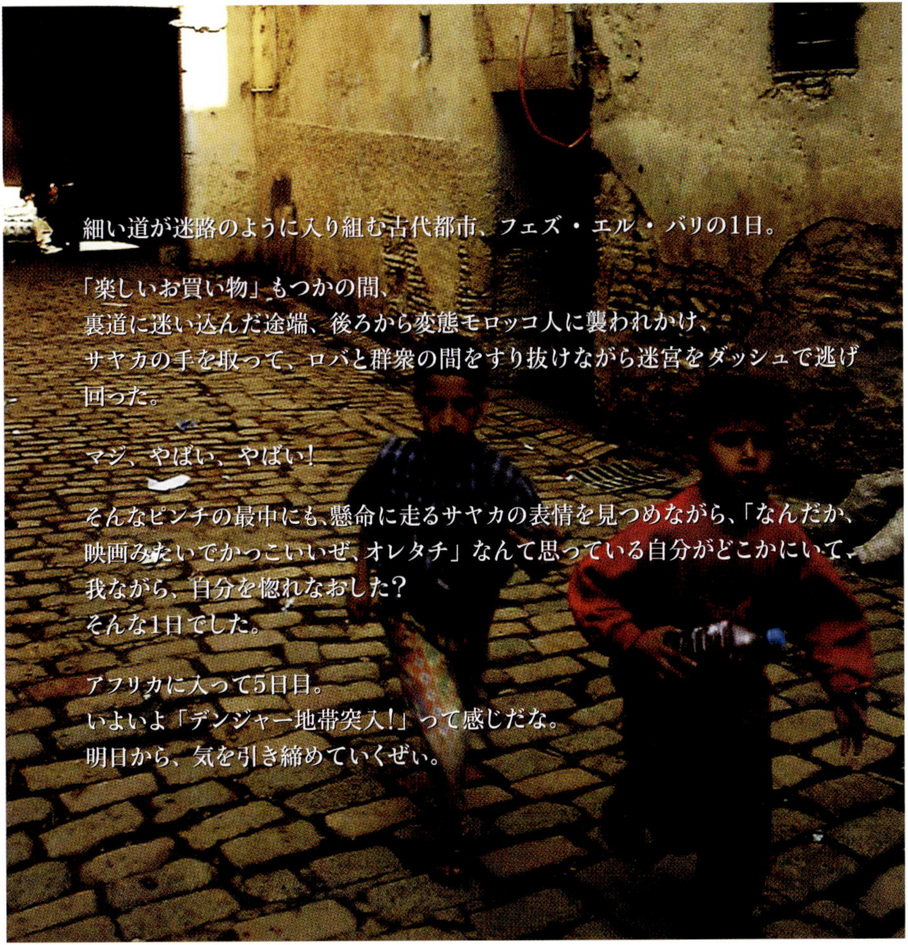

細い道が迷路のように入り組む古代都市、フェズ・エル・バリの1日。

「楽しいお買い物」もつかの間、
裏道に迷い込んだ途端、後ろから変態モロッコ人に襲われかけ、
サヤカの手を取って、ロバと群衆の間をすり抜けながら迷宮をダッシュで逃げ回った。

マジ、やばい、やばい!

そんなピンチの最中にも､懸命に走るサヤカの表情を見つめながら､「なんだか、映画みたいでかっこいいぜ､オレタチ」なんて思っている自分がどこかにいて、
我ながら、自分を惚れなおした?
そんな1日でした。

アフリカに入って5日目。
いよいよ「デンジャー地帯突入!」って感じだな。
明日から、気を引き締めていくぜぃ。

経済的に貧しい国々を旅していると、あらゆる街角で地元民が気軽に声を掛けてくる。
ハロー！なんて軽い会話をした後、フレンドリーに誘ってくれる人がいる。
「ボクがこの街を案内してあげるよ」「ボクの家のディナーに招待するよ」…
そんなふうに誘われるたびに、オレは考える。

この人を本当に信じていいんだろうか？

いい感じの人も、見るからに怪しい人も、
たいていはインチキ商人の類で、結果的に巨額なガイド料を請求されたり、怪しい店に連れて行かれて強制的&暴力的に高い買い物をさせられたり、睡眠薬入りのコーヒーを飲まされて貴重品を盗まれたり…っていうヤバイ体験談をよく聞いたが、地元民のすべての誘いを疑って無視するっていうのも、クローズすぎる気がするしなぁ。

素敵な出逢いか？ インチキ商人の罠か？
ギリギリセーフのスリリングなギャンブルを繰り返しているうちに、
オレタチはコツを身につけた。
ルックスや言葉や行動ではなく、「その人の持っている空気」で人を判断すること。
コレは、意外にハズレのない方法かもしれない。

甘く巧みな言葉にとらわれず、
透明な気持ちで 「その人」 を感じようとしたとき、
出逢うべき人からは、 優しい風が吹いてくるような感覚がするから。

オレは、ひとりでもやるぜ。

旅も人生も、出逢いが命。

これだけの人間がいるのに、なぜか出逢ってしまったオレとアナタ。
きっと、お互いに見えない何かを交換できるはず。

「出逢えてよかった」
ココロから、そう想いあえるような出逢いは、
いつも、「ぶっちゃけた話」から始まるみたいだ。

誰かに優しいことをして喜ばれると、めちゃくちゃ気持ちいい。

オレが自分に「優しさ」を求める理由は、それだけだよ。

「祭り」を待つんじゃなく、
自分で「祭り」をやっちまえばいいのさ。

FOREVER

遂に、きた。
サハラ砂漠だ。

ふたりだけで、ずっとずっと、月明かりの砂漠を歩いた。
ふたりだけで、ずっとずっと、天の川を見ていた。
ふたりだけで、ずっとずっと、風の音を聞いていた。

ノマドと呼ばれる砂漠の民がラクダをひいて歩いている。
どこからともなくジャンベのリズムが聞こえてくる。

なんでこんなにココロが静かなんだろう。

オマエとふたり。
いつも。 いつまでも。

どこに向かっているのかはわからないけど、
少しずつ近づいていることだけは、わかる。

27 歳になった。
今のオレは、そんな毎日を生きている。

人間って、小さいなぁ。

「狭くて、なんでもある場所」にいるときは、道を選ぶのに理由が必要だった。
「広くて、なんにもない場所」にくると、ただ歩くだけだった。

選び疲れるよりも、歩き疲れて眠りたい。

「オレは、どんな男になりたいのか」
たまには、そんなことをマジに想う夜があってもイイ。

「今日は、疲れたな」

サヤカの寝顔を見ていると、
「ありがとう」と「ごめんな」を、
ずいぶん言い忘れていたことに気づく。

難しいことをごちゃごちゃ考える必要はない。

「今」を良くすれば、「未来」も良くなる。 シンプルなことだ。
「自分」が良くなれば、「まわり」も良くなる。 シンプルなことだ。

すべては、ひとつ。
毎日の中に人生があり、自分の中に世界がある。

たくさん食べることはない。
一匹の魚を骨まで味わってごらん。
そのほうが、本当の「おいしさ」がわかるから。

たくさん読む必要はない。
一冊の本を文字が溶けるまで味わってごらん。
そのほうが、本当の「おもしろさ」がわかるから。

たくさん愛する必要はない。
ひとりの人を心ゆくまで愛してごらん。
そのほうが、本当の「愛」がわかるから。

貧しい国の豊かな人々が、オレに、そう笑いかけている。

皮をひんむかれても、強く生きれるか。

モロッコで、「○○ライト」というような軽いタバコを吸ってると、
「私はホモです。同姓の恋人募集中」というアピールになってしまうらしい。

カフェで、路上で、バス停で。
「マルキース・ライト」というモロッコタバコを吸い続けていたオレ。

どうも、みんなの視線がねちっこいと想ってたんだよ！
セーフ！

荷物整理

地元民と交じりあうオンボロバスでの移動が多い。
体臭炸裂だったり、
ハエが暴れ回っていたり、
雨漏りでびしょびしょだったり、
アラブ音楽が爆音で鳴り響いていたり…

コレくらいは愛嬌だが、荷物の盗難が多いっていうのはいただけない。
最悪の場合に備え、オレタチは自分の荷物を大きくふたつに分けるようになった。

「お金で買い戻せるモノ」と「お金で買い戻せないモノ」。

「自分の荷物」を整理してみると、
ホントに大事なモノって、そんなに多くないことに気づく。

お互いに、
自分をでっかく育てような。

自分にとって大事なこと。
それをよ〜く見極めて、それだけに専念するんだ。
そう。「徹底的に専念」するんだ。

目の前の「それなりなこと」をこなしているうちに、
人生なんてあっという間に終わっちまう。
上手に生きるのではなく、大事に生きるんだ。

寂しいけれど、選ぶということは他を捨てるということ。
オレは、捨てる勇気がまだ足りない。

IMAGINE　すべては、想像することから始まる。

世界中には、「オレがオレが」が溢れている。
「弱肉強食」
「口によるアピールを上手に出来ない人はクズ」
「遠慮していたら永遠に自分の順番は来ない」
「悪質なウソを付いてもだまされたほうが負け」
…そんな空気に満ちている感じがする。

そういうのって、なんかさむいんだよなぁ。

「和のココロ」と「武士の志」をポケットにつっこんで、
口笛でも吹きながら、
「弱肉強食のシステム」を超越して歩こう。

モチベーション

「自分だけ」のために頑張るときよりも、
「大切な人」のために頑張るときの方が、
純粋に燃えられる気がするのは、なぜなんだろうね。

きっと、オレとアナタのゴールは違う。
でも、お互いが成長し続けていれば、ずっと一緒にいれる気がするよね。

普通???

「自分は普通の人だから」なんて言って、耳をふさいじゃダメだよ。
「普通の人」なんて、いないよ。

収入がフツウでも、肩書きがフツウでも、
アナタのココロの中に広がっている世界は、フツウじゃないでしょ。
最初は、他人にうまく説明できなくたっていいんだ。
自分だけにしか聞こえない、「ココロの声」に答えてあげて。

「楽しみ」は、降ってこない。
よく探れば、そこらへんにコロコロと転がっている。

そう。下を向いて歩こう!

大きな夢を「漠然と語る」よりも、
小さな現実に「リアルな愛」を注ぎ続けよう。
日本を変えたり、地球を変えたりしなくても、
誰もが自分の身近な人に優しくなれれば、
それだけで、日本も地球も幸せになるんだから。

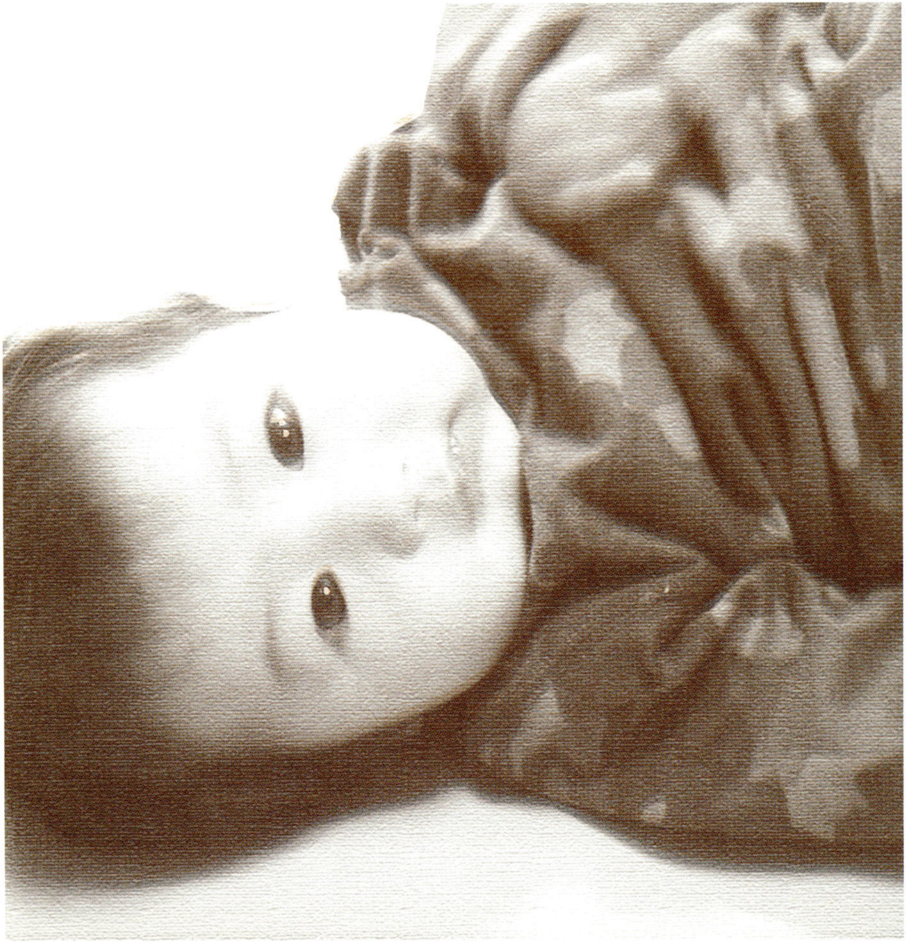

イスラエルからおめでとう!

1999年11月20日。
遂に、妹の子供が生まれた。
「翔大」(しょうた)という名の男の子だ。
母子ともに、健康とのことで一安心。

妹の美樹やだんなのアボくんはもちろん、
両方のおとうさんおかあさんも、
両方のおじいちゃんおばあちゃんも、
両方の兄弟も親戚も仲間も友人も知人も…

「ショウタ」という人間がこの世に生まれてきたおかげで、
こんなにたくさんの人のココロの中に「喜び」が生まれてる。

ガキを生むってことは、すっごいことなんだなぁ。

ライフルを背負ったイスラエル軍人達の溢れる小さなバス停から、
オレタチふたりの精一杯の愛情を込めて、
「おめでとう!」を贈ります。

知識よりも、経験を語ろうぜ。
世間よりも、お互いを語ろうぜ。
オレタチふたり、
せっかく「ナマ」で逢ってるんだからさ。

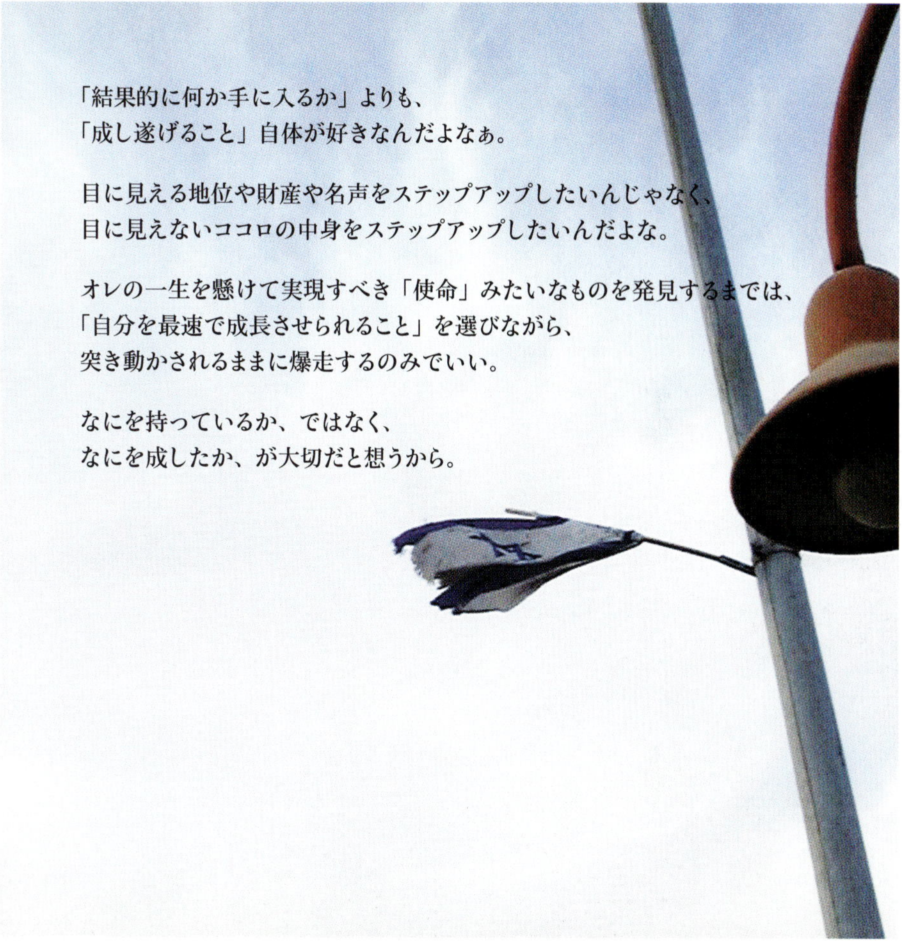

「結果的に何か手に入るか」よりも、
「成し遂げること」自体が好きなんだよなぁ。

目に見える地位や財産や名声をステップアップしたいんじゃなく、
目に見えないココロの中身をステップアップしたいんだよな。

オレの一生を懸けて実現すべき「使命」みたいなものを発見するまでは、
「自分を最速で成長させられること」を選びながら、
突き動かされるままに爆走するのみでいい。

なにを持っているか、ではなく、
なにを成したか、が大切だと想うから。

赤道直下にありながら、雪をたたえて白くそびえるキリマンジャロ。
その麓に広がる野生の王国アンボセリ。

ゾウの群が歩き回り、
茂みからキリンの親子が首を出し、
ハイエナ達が巣でじゃれ回り、
カバが水の中から鼻を出し、
虹をバックに数千羽のピンクフラミンゴが飛び立ち、
その間を真っ赤な布をまとったマサイの人々が歩いている。

この雄大な大地でのラストシーンは、ゾウの出産だった。
大雨の中、泥に足を取られながらも倒れまいと必死に踏ん張っている赤ちゃん。
それを、さりげなく支えてあげている母親。

「すげぇ」
ここでは、それ以外のコトバはいらない。

自然のリズムに身体を任せきったとき、
いつもココロの中から全身に広がっていく、この「透明な感情」はなんなんだろう?
この感情の中に、オレの探しているパーフェクトは、きっとある。

「自分らしい生き方?」「ナチュラルな生き方?」
そんなの自分自身でわかるわけないじゃん!
他人からみた「自分らしさ」や「ナチュラルな自分」を意識するなんてバカげてる。

それぞれ、みんな。
ただ、「自分が美しいと想う生き方」を究めようぜ。

自分のリズムを感じよう。
相手のリズムを愛してみよう。

KING OF JUNGLE と呼ばれるライオンだって、ゾウにはかなわない。

圧倒的なパワーと優しい瞳で、
「弱肉強食」のシステムを超越して堂々と生きている。

一番強いのに、誰にも攻撃せず、
一番でかいのに、細やかな優しさを持っている。
そういうのって、めちゃくちゃカッコイイじゃん。

またしてもライバル出現。
オレもゾウに負けないでっかい男に、なりてぇ。

早朝の誰もいないボゴリア湖にふたり。
湖面に溢れる数万羽のピンクフラミンゴをみつめる。

朝焼けのオレンジの光にピンクの帯が溶け、
日本中の桜が一斉に散っているような絶景。
興奮で、声がうわずってた。
あまりの美しさに、涙が出そうだった。

写真には写すことができなかった神聖な風景。

自然の美しさに、人間は絶対に勝てない。

ケニア。 赤道直下の路上マーケットで。
アフリカンガールのルーシーが石に刻んでくれた3つの小さなコトバたち。

ONE LOVE.
ONE SOUL.
ONE HEART.

そんな想いでずっといられたら、
きっとオレタチはつながっていられる。

ココロとカラダがちょっぴり重くなってきたら、
大自然におもいっきり身を任せに行こう。

いくら甘えても、自然は無限に優しくしてくれる。
「依存するな！ 甘えるな！ 人生はそんなに甘くないぞ！」なんて絶対に言わないぜ。

透明な優しい空間で、
忘れていた「なにか」を思い出す時間が必要なんだ。

「夢を叶えるための金がいるんだ」
「それはわかるけど。 あとお金だけあれば、本当に夢は叶うの?」

「夢の実現」をジグソーパズルに例えたとしたら、
「お金」は最初ではなく、最後のピース。
他のピースがすべて揃っていなければ、決して集まらないモノ。

お金はココロで描いたイメージを実現するための道具にすぎない。
まずは、「夢の中身」を深く緻密に描いていく事が、一番の近道だと想うな。

またしても、楽園の島へ到着！
その名も、モーリシャス。
アフリカ大陸の東、インド洋に浮かぶ「超豪華リゾート」で有名なモーリシャスだけど、実は、おもいっきり安くHAPPYに遊べる島なんだ。

1泊2名で2000円（&海の見えるテラスでの朝食付き！）の快適なシンプルコテージに泊まり、40円の屋台飯を食いながら、50円のバスや1日200円のビーチサイクルを駆使して島中を遊び回ってる。
マジで、金持ちとハネムーナーだけに独占させるにはもったいない島だ。

今までいろんな綺麗な海を見てきたけど、こんなに綺麗な海を見たのは初めて。
「海が綺麗」
ただそれだけで、こんなにも気持ちがいいなんて。

ジャングルも砂漠もサバンナもめちゃくちゃ楽しいけど、
やっぱり、海だな、オレは。

今日は、アイツのめでたい日だ。

みんなで作戦を練って、
「びっくりするようないいこと」をプレゼントしてあげようぜ!

木の葉が風に揺れるリズム。 ビーチで波が繰り返すリズム。 青空を雲が横切っていくリズム… 自然のリズムをみつけよう。そして、自分のリズムをみつけよう。

自分が愛するもののために。
自分を愛してくれるもののために。

アナタの信じる美しさを、せいいっぱいに。

PAGE OF S 「野獣」アユムと共に旅を続ける「美女」サヤカちゃんのページ

ヨーロッパ諸国＆アフリカ大陸の旅を振り返って…

ジャンボ！（スワヒリ語で「こんにちは！」）
今回はヨーロッパ諸国、アフリカ大陸、イスラエル、モーリシャス島へ行きました。ヨーロッパは治安もよいので、アンティークショップを見てまわったり、ワインを飲んだりと気持ちよく過ごしていましたが、アフリカ大陸に入った途端、急に強烈な国ばかりで、楽しいけれど疲れる日々が続きました。でも、最後に寄ったモーリシャスではアフリカの雰囲気とは違って、人々は穏やかで海が見たこともないくらいキレイだったので、気持ちよくリフレッシュすることが出来ました。そして、今回の旅でも、いくつかの事件がありました。
まずは、スペインのマラガという街の安宿に泊まっていた時のことです。夜中の3時頃、私たちの部屋にパンツ1枚のおじいさんが寝ぼけて乱入してきました。アユムが大声をワーワーあげて気合いで追い出してくれましたが、怖い人じゃなくてよかったです。ちなみに私は、わけがわからずケラケラ笑ってたそうです。

そして、モロッコではメディナ（旧市街）の中の細道で２度も危険な変態に追いかけられたり、バス停でマラケッシュへの夜行バスを待っている時、私の「また、いろんな人達が集まってくるからやめたほうがいいんじゃない」という言葉も聞かず、アユムがギターを弾いて歌い始めたら、大騒ぎになっちゃったり…。来るわ来るわで子供達が100人以上も集まってきて２人を囲み大合唱で大盛り上がりでした。終わった後もなかなか帰らないで、髪を引っ張ってちょっかいを出してきたり、周りではケンカが始まったり、もう大変！　なんだかすごいことになってるゾってかんじでした。
イスラエルでは、入国審査の際、危険人物と思われたらしく、質問や荷物チェックで３時間も待たされました。いろいろな厳しい質問を受け、下着から日記帳まで全ての荷物をバッグから引っ張り出されて、探知機でチェックされました。結局夜中になってしまい、さすがに２人とも怒り＆あきらめで、もうクタクタでした。
ケニアではサファリドライブ中に子象の誕生シーン!!を見ました。一生懸命に４本の足で立とうとしている子象を母象はさりげなく鼻で支えていました。生まれてすぐの子に「ひとりでしっかり大地に立つんだよ」と言ってるような気がしました。他にもキリン、ライオン、ハイエナ、チーター、カバなど、いろんな動物の親子を見ましたが、サバンナの大地は愛情たっぷりでした。
世界大冒険を始めて１年が経ちました。言葉では表せないほど、本当にたくさんのステキな体験をしてきました。ちょっとした事件はあったものの２人とも大きなケガや病気もなく、相変わらず元気に過ごしてます。
これからも、たまにケンカしつつ楽しい旅が続きそうです。
それではこのへんで　　　　　　さやか

Ｐ．Ｓ．
イスラエルで結婚１周年を２人で祝っている時に、日本からのファックスで妹のミキちゃんが「翔大」を出産したことを知りました。本当に嬉しくって、涙が溢れてしまいました。これも今回の旅でステキな大事件でした。

EPILOGUE
from Ayumu Takahashi

今、オレタチは南米の旅のスタート地点であるペルーのリマという街にいる。
ここから、遂にこの世界大冒険も「三学期」に突入だ。

これからペルーでナスカの地上絵やマチュピチュ遺跡を見た後、チリに渡り、イースター島でモアイ像と共に海を見つめ、タヒチや周辺の島々をアイランドホッピングして、ハワイへ。そして、ジャマイカへ…というようなラフな予定を立てている。

結婚式の3日後に成田空港を出て、サヤカとふたりで旅を始めてから、もうすぐ1年半が経つ。旅もいよいよ終盤だ。
今のふたりの予定では、今年（2000年）の秋に、日本へ帰国して、沖縄に新居を構える予定なんだ。そして、そこをアジトにして、「島プロジェクト」なる無人島ゲット計画も開始する予定。その頃には、詳しいことも発表できると思うので、興味のある人は、ぜひ、一緒に遊ぼう。

それじゃ、また逢うときまで。

LOVE YOURSELF.
SEE-YA!

2000.5.20　高橋 歩

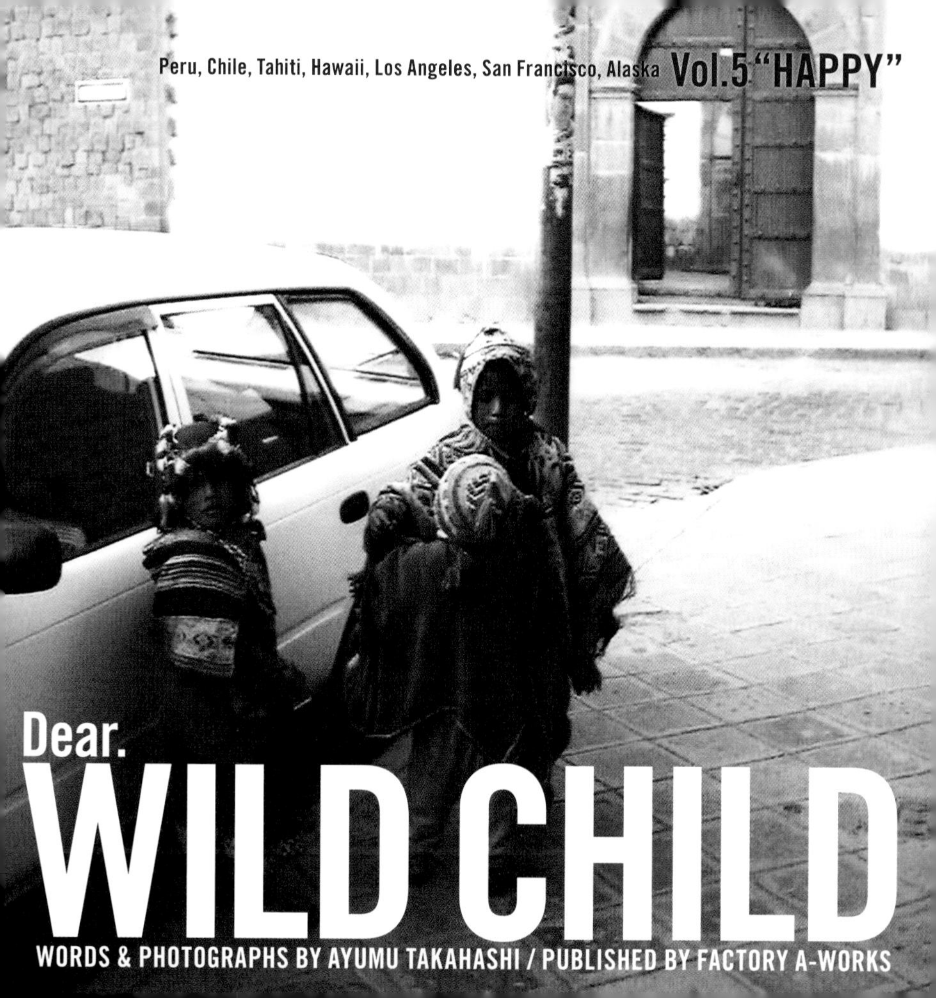
Peru, Chile, Tahiti, Hawaii, Los Angeles, San Francisco, Alaska
Vol.5 "HAPPY"
Dear.
WILD CHILD
WORDS & PHOTOGRAPHS BY AYUMU TAKAHASHI / PUBLISHED BY FACTORY A-WORKS

PROLOGUE

おっす！　元気かい？
結婚式の３日後に、大きなリュックとギターを抱え、サヤカとふたり、成田空港を出発してから、かれこれ１年と８ヶ月。
「備えないけど憂いもない！」ってな感じで、行き当たりばったり 100％ハッピーな旅を続けてきたけど、いよいよ、今回の VOL. 5が最後の世界大冒険報告だ。

ナスカの地上絵やマチュピチュの遺跡がある南米ペルーからスタートして、チリの首都サンチアゴ、モアイ像のイースター島、そして、念願のタヒチの島々、最後は U.S.A に入って、ハワイ、ロス、サンフランシスコと渡り、ついに、最終地点と決めていた極北の地アラスカにたどり着いた。

最後になる今回の旅のイメージ…それは、やっぱり、「HAPPY」だね。
旅を続けながら、自分の「ココロの井戸」を、オレなりに掘りに掘ってみた結果、そこに地下水のように広く大きく横たわっていた言葉が、「HAPPY」だった気がしたから。
表面的にコロコロ変わってしまうような一時的な幸福感ではなく、心の奥の方からジワ〜と広がって、全身を包んでしまうような幸福感。
とってもシンプルで、とってもニュートラルで、決して揺らぐことのない幸福感。
泣いていても、笑っていても、怒っていても、悩んでいても、苦しんでいても、はしゃいでいても、常にココロの縁の下で、自分を支えてくれているような幸福感…
なんだか、そういうものに触れていたくて、そういうものを手に入れたくて、サヤカを見つめながら、目の前にいる人々を見つめながら、そして、青空を見つめながら、ずっと世界の路地を歩き続けていたような気がする。

まぁ、そんなわけで、最後になる「DEAR.WILD CHILD VOL. 5　HAPPY」
いつものとおり、ピカチューノートに書き殴った言葉と、ボロボロのデジカメで切り取ったシーンに想いを込めて、本日、お届けです。

ROUTE&MEMORY
PERU, CHILE, TAHITI, HAWAII, LOS ANGELES
SAN FRANCISCO, ALASKA

ROUTE&MEMORY***

PERU, CHILE, TAHITI, HAWAII, LOS ANGELES, SAN FRANCISCO, ALASKA

1. PERU *Lima

ペルーの首都、リマ。汚くて異臭の漂う街並と、おしゃれで近代的な街並が入り交じる変わった街。多くの旅人達から聴いた「超危険地帯」の噂ほど、治安は悪くない。ふたりでペルーご自慢のシーフードを食べあさるが、すべて大味で×。呪文のような「ペルーなまりのスペイン語」に苦しみながら、チケットなどの手配を。

2. PERU *Nazca

おんぼろバスに12時間ほど揺られ、世界遺産である「ナスカの地上絵」を見に行く。ところが、ミニ飛行機がクルクル回転して、とても地上絵を見る余裕はなかった。「なんのためにここまで!?」なんて、ぶつくさ言いながら、サヤカとふたりで、ペルーの田舎道を散歩。一番人気の飲み物「インカ・コーラ」のうまさに慰められる。

3. PERU *Cuzco

インカ帝国の古き都、クスコ。今でもインカの街並が多く残っていて、歩いているだけで、時間旅行のできる街。インカの民が愛したコカインのお茶が異常にうまい!(ちなみに合法だよ)。ただ、富士山の山頂に匹敵する標高3360メートルという高地にあるため、ふたりとも「高山病」にやられる。空気が薄すぎて苦しい!

4. PERU *Machu Picchu

高山列車に乗り込み、アンデス山脈の険しい山の頂上に創られたインカ帝国の秘密要塞都市「マチュピチュ」へ。うざったいツアーガイドから離れ、ふたりでゆっくりと遺跡を歩き回りながら、インカの空気に触れる。伝説の広場の中央に立ち、ふっと空を見上げると「天」が異常に近い気がした。

5. CHILE *Santiago

南米チリの首都、サンチアゴ。「え?　こんなところになぜ?」とびっくりするくらい、予想外のおしゃれな大都会。いつもの調子で、ふたりであてもなく街をぶらつきながら、南米風の都会生活を楽しむ。「金太郎」というジャパレス(日本食レストラン)で、久しぶりに食べた「ショウガ焼き定食」のうまさが忘れられない。

6. CHILE *Easter Island

モアイ像が立ち並ぶ南海の孤島、イースター島。バイクの後ろにサヤカを乗せ、メチャクチャなオフロードをジャンプしながら、モアイを巡る。オレタチの泊まった安い民宿には、世界中から集まった貧乏旅行者がいっぱいいて、数カ国語の飛び交うハチャメチャな朝食の雰囲気が、たまらなくよかった。

7. TAHITI *Tahiti

素敵な島々の玄関口となるタヒチ島。ジューンブライドってこともあって、日本人のハネムーナーがいっぱい。ヒナノビールを片手に、街をうろつく。旅行代理店を回りながら離島情報を集めたり、地元の本屋でポリネシアンスタイルのインテリア本をあさったり、パレオの美しさに惚れたり…楽しいんだけど、ちょっと物価高すぎ！

8. TAHITI *Morea

さっそく船に乗り込み、アーティストが多く住むという静かで緑の多い島、モーレアへ。ちょっとバリ島に雰囲気が似ている。バイクで島を回りながら、路上で売っているカツオの刺身を食ったり、特産のタロイモを食ったり、誰もいないビーチで冷たいビールを飲んだり…サヤカとふたり、まったりと、最高の午後を重ねる。

9. U.S.A Hawaii *Oahu

安いマンションを借り、1ヶ月間、のんびりとワイキキで暮らす。ビールとサーフィン三昧の日々。いろいろなプランを投げ捨てて、あえてワイキキ周辺にどっぷりとハマりながら、気持ちよすぎる日々を満喫。途中、日本から友達も合流し、さらに、海＆語りのハッピーな日々を過ごす。

10. U.S.A Los Angeles&San Francisco *Santa Monica

海と街のマッチングが完璧で最高に気持ちいい街。マッチョマンが集まるマッスルビーチに売ってる「マッスルビーチレモネード」にハマって毎日飲んでた。ヒッピー文化の名残のあるベニスビーチのカフェ、サンタモニカの本屋、倉庫を改造した雑貨屋、路上パフォーマンスなど「感じるもの」がいっぱいあって、刺激を受けっぱなしだった。

ROUTE&MEMORY***

PERU, CHILE, TAHITI, HAWAII, LOS ANGELES, SAN FRANCISCO, ALASKA

11. U.S.A San Francisco *San Francisco Downtown

ダウンタウンの外れの宿で、特に目的も決めず、1ヶ月ほどのんびりと暮らす。地元のオッサンが面倒くさそうに作るハラペーニョたっぷりのピザは世界一。銃声やクラクション、殴り合いのケンカ、人種間の争い、スーパーのカートにすべての家財道具を積んで街をふらつくホームレス…。アメリカの現実にちょっぴり触れたような気がした。

12. U.S.A Alaska *Anchorage

アラスカの州都アンカレッジ。アラスカの大自然への玄関口となる街。わくわくしながら、旅行代理店を回り、情報を集めながら遊びの計画を練ったり、本場のアウトドアショップをはしごしながら装備を整えたり…。「アラスカ丼」っていうサケとイクラのアラスカ風親子丼、世界一大きい「昆布かずのこ」など海の幸のうまさは驚異的だった。

13. U.S.A Alaska *Kenai River

セスナに乗り、世界でも有名なサーモンのフィッシングポイント、キーナイ川の支流へ。何千匹のレッドサーモンの群が川を遡上している姿を初めて見た。熊がサケを狩っている姿を初めて見た。こんなに深い森を初めて見た。テレビや写真でしか知らなかった世界に、突然放り込まれ、ただただ大自然に圧倒され、感動で震えていた日々。

14. U.S.A Alaska *Denali National Park

マッキンレー山の麓に広がるデナリ・ナショナル・パーク。荒野や原生林をトレッキングしながら、バスに揺られながら、グリズリー、カリブー、ムースなどの野生動物達を眺める。遊び気分が吹っ飛ぶような本格装備で挑む「超激流ラフティング」も、信じられないほどのスリルで最高だった。

15. U.S.A Alaska *Prince William Sound

氷河の壁がそびえ流氷が流れるプリンス・ウィリアム湾を、サヤカとふたり、シーカヤックで旅する。水温はほぼ0度なので、今までの南国でのカヤッキングと違い、緊張感をひしひしと感じながらの旅だった。氷河の海の真ん中にポツンと浮かびながら「あー、これで世界一周も終わりだなぁ」なんて、サヤカと話していたのを覚えている。

Vol.5

"HAPPY"

Peru, Chile, Tahiti, Hawaii, Los Angeles, San Francisco, Alaska

ハッピーに生きていくために、一番大切なこと。
それは、きっと、「自分を知る」ということ。

ペルーの田舎の村を、目的もなく、行き先も決めず、
ただ、ほっつき歩く1日。

道行くおばあさんの表情が気になる。
子供達の遊び場が気になる。
露店で売っているフルーツの名前が気になる。
壁に掘られている文字の意味が気になる。
そして、空の色が気になる。

「目的を決めると、その目的と関係ないものは見えなくなる」

世界の片隅で、そんなことに、ふっと気づいた。

アンデス山脈の山奥。
突然、とってもカラフルで、とってもパワフルな村に出逢った。

わぁお～。

インディヘナのおばさん達がパワフルに動き回っている市場の真ん中で、オレは、いつか読んだ本の世界に迷い込んでしまったような錯覚にとらわれた。
サヤカも、「私、こういうとこ、好き！」なんて、楽しそうにしてる。

こんなふうに、突然、非日常的な場所に迷い込んだときに感じる「ふわふわした感覚」こそ、旅の究極の楽しみかもしれない。

「空が、近い!」

インカ帝国の古い都、クスコ。
富士山の山頂とほぼ同じ高度にある街で、はしゃいでいたら、やっぱり。
ふたりとも、高山病にやられてしまった。

気持ち悪いし、頭痛いし、吐き気はするし、寒気はするし…もう大変。

「コレでごまかすしかない!」って言いながら、コカ茶(ペルーでは合法)をガブガブ飲んで、また、違う意味でおかしくなっているアンデスの午後です。

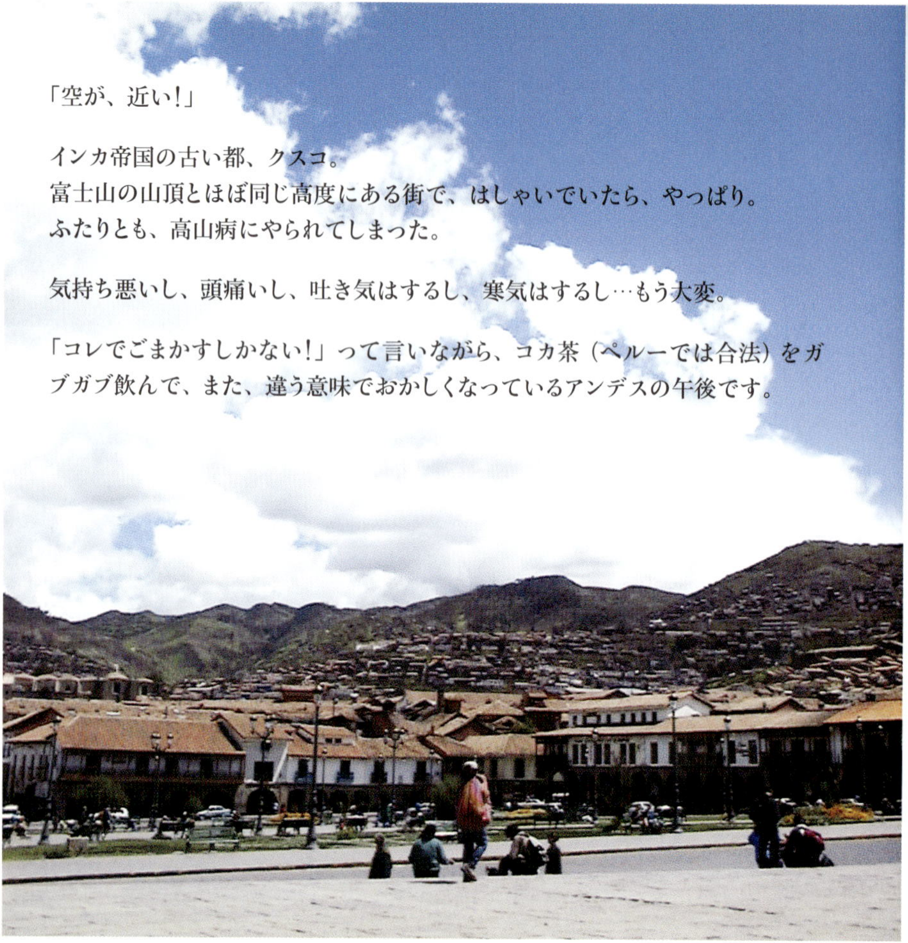

部屋に戻ったら、見知らぬ赤ちゃんが
オレタチのお菓子を食っていた。
安宿の、そういうところが好きなんだ。

体験だけが、真実だ。

「自由」っていうのは、状態ではなく、感覚。
不自由だと感じている旅人もいれば、
自由を謳歌しているサラリーマンの人だっている。

「幸せ」っていうのも、状態ではなく、感覚。
不幸せだと感じている成功者もいれば、
幸せに満たされている浮浪者の人だっている。

だからなんだって訳じゃないけど…
結局さ。
自分で選んだ道を胸張って生きるしかない、ってことだよな。

OB1334

今日、ナスカの地上絵を見た。

「やっぱりすごかったよ！ だってさぁ、ああで、こうで～～」なんて、
ハイテンションで語りたいところなんだけど…
正直に言うとね。

飛行機が揺れまくって回転しまくって、ジェットコースター以上にすごくて、
地上絵なんて、全然、見る余裕がありませんでした！
あらら～。

ちぇっ！
せっかくナスカまで来たのによ。

JUEVES
TRAGICO
VIA
CRUCIS
MENU
Sopa Choros
*Picante de lapas
*Pallares Pescado Frito
*Pollo ala Parrilla

「なんだか、うまくいかねぇなぁ」
不運なことがあってイラついてると、
申し合わせたように、さらに不運なことが起こる。
体調が悪かったりすると、さらに最悪。

そんなときの、俺の「悪循環切断スイッチ」は、ひとつ。
「超うまいものを食う!」
それに限るね。
だって、すっごくうまいものを食べながらイラつくことは不可能でしょ?

サヤカとケンカしてどうしようもなく病んだ時間を、
何度、うまい中華料理に救われたことか…

ホント、ありがとう、中華。

大事なことは、正面から「向き合う」ということ。
あの人とも。自分とも。

日本人だろうと、ペルー人だろうと、
社長だろうと、プータローだろうと、
自分にウソをついてない人は、瞳が明るいよね。

モアイの島、イースター島。

この島では、島の人はみんな友達。 みんなファミリー。
道で出逢ったら、知り合いだろうがなかろうが、ニコッと笑って、必ず挨拶を交わす。

ハーイ!
ふぁろぉわぁらぁ～!(理解不能な現地語)

きっと、この島の人たちは、「なれなれしい」「大きなお世話」というような言葉が、この世に存在することすら知らないと思う。

すごいな、それって。

「今、この人のために、オレが出来ることは何だろう？」
この自問が、オレの可能性を開拓する「扉」になっている気がする。

いろいろな生き方に触れれば触れるほど、
「こんな生き方もありなんだ」って、自分の選択肢も広がる。

いろいろな価値観に触れれば触れるほど、
「じゃ、自分はどうなんだ?」って、自分の価値観を確かめることになる。

他人を知るということは、
自分を知るということでもある。

未来のために、今を耐えるのではなく、
未来のために、今を楽しく過ごすのだ。

「自分の生涯を、ひとつの作品としてみる」
そういう視点が、好きだなぁ。

もっと、欲望に従ってもいいんじゃないか?

道に迷ったときは、自分の「人生の主題歌」を大声で歌おうぜ。

青空、ピカチュー、開拓、冒険、コーラ、たばこ、バーボン、フロンティアスピリッツ、未開の荒野、楽しさ、遊び心、透明感、はちゃめちゃ、アコースティックギター、愉快痛快、本気、成長、大きな人間、強く優しく潔く、トムソーヤ、大作戦、秘密のアジト、悪だくみ、パラダイス、子猫、カレー…

目に見えるものから見えないものまで、
名詞から形容詞から、動詞まで、
自分の「好き!」をおもいっきり集めてみよう。
その向こう側に、自分の道が、ぼんやりと見えてくるかもよ。

オレの中で、
日々変わっていくことがある。
そして、決して変わらないことがある。

サヤカの中にも、
日々変わっていくことがある。
そして、決して変わらないことがある。

互いの中にある「決して変わらない部分」を愛おしいと思えたから、
きっと、オレタチは一緒にいるんだろう。

CALIDAD
3
1000
3
1000

自分が幸せに生きていくために、
必要なものをそろえていけばいい。

自分が幸せに生きていくために、
必要ではないものを捨てていけばいい。

小学生の頃、「カブトムシ」を観察したように、
「自分」っていう生物を観察してみよう。

コレがあると楽しそう。
こんな時にワクワクしてる。
こういうことをしてると、元気になる…
なんて、少しずつ、自分に必要なものとそうじゃないものが見えてくるよ。

ジューンブライドってこともあって、
タヒチには、きれいな服を着たハネムーナーがいっぱい。
久しぶりにこんなにいっぱい日本人を見た。

その中を、汚い格好で、大きなリックを背負って歩くオレタチ。

「あのふたり、何であんな大きいバッグ持ってンの？」
「日本人じゃないんじゃない？」
オイオイ、聞こえてるって！

オレタチだって、一応、ハネムーナーなんだぜ。
しかも、コテコテの日本人だぜ。

小さな島へ渡る。
安い宿を探し、1週間、部屋を取る。
バイクをレンタルして、ゆっくりと島を一周する。
途中、気に入ったビーチで、まったりする。
近所を散歩して、マーケットをのぞく。
ふたりで、夕食を創る。
夕焼けを見ながら、ビールを飲み、夕食を食べる。
夜は、星を見ながら、ビーチを散歩する。

そんな調子で、ふたり、アイランドトリップを重ねている。

暇なんだけど、とっても充実している。
なにもしてないんだけど、すべてがあるような気がする。
リフレッシュでもなく、充電でもなく、ニュートラルな時間が過ぎていく。

今日も、どこかの島で、最高の時間を。

世界中の街角を歩きながら、
「もし、自分がここに生まれてたら、どう生きるだろう?」
そんなことを想像するのが好き。

「もし自分だったら…」
頭の奥の方に、その問いを持っているだけで、
あらゆる風景が身近に感じてくるから不思議だよね。

「不言実行」っていうのも
かっこいいかもしれないけどさ。
オレは、「暴言実行」でいくぜ。

夢があろうとなかろうと、
楽しく生きてる奴が最強。

「なんか、いい『匂い』がするんだよね～」
「なんか、呼んでるよな、それ」
「なんか、理由はないけど、そっちのような気がする」
オレは、会話の中で、そんな言葉をよく使う。

ここ数年、「予感」ってものを信頼して動き続けているうちに、どんな感じの予感が当たって、どんな感じの予感が外れるのか、だんだん、わかってきた。
現状は壁だらけだったとしても、「あっ、こっちに進めば、絶対うまくいくな」っていう自分の感覚を信じられるようになってきたし、現実もそれについてくるようになってきた。

何回も試していれば、きっと、誰でもマスターできるはず。
人生を使った、この「予感信頼ゲーム」は、結構楽しいぜ。

TO CROSS
STREET
PUSH
BUTTON
WAIT FOR
WALK
SIGNAL
A838159

1ヶ月間、アパートを借りての、ハワイ暮らし。

「ハワイなんて、そんなベタなところ呼んでねぇなぁ～」
なんて言ってたのに、ワイキキに着いた途端、はしゃぎまくり。

酔って、浮かれ気分で、赤信号に気づかず、
車にひかれる寸前!
やばい。 やばい。

インド、ペルー、モロッコ、ケニア…
今まで、治安の悪い国々を旅して、なんとか危険をくぐり抜けてきたっていうのに、一番、死に近づいたのが、ハワイとは…。

オレ。 ハワイ好きです。

「目指すのではなく、楽しむ」
「手に入れるのではなく、愛し続ける」
ハワイにいると、そんな生き方がオレを誘う。

シンプルなものへ。
純なものへ。
透きとおるものへ。

自分にとって本当に大切なことを見抜き、
人生のすべてをかけて、静かに深く愛していきたい。

NO RAIN - NO RAINBOW

雨が降るから虹もでる

～あるＴシャツに刻まれていた「ハワイアン・スピリッツ」から～

「逆らうのではなく、従うのでもなく、ただ、波のするようにすればいいんです。
サーフィンと生きることは似ている」

～サーフィンの神様　ジェリー・ロペスの言葉～

コーラとタバコを片手に、ビーチで過ごす夕方。

「自分の心の中にある海」
そんなイメージを浮かべながら、この言葉をかみしめてみたら、
心がすーっと、静かになっていくのを感じた。
心がふわぁ～っと、あったかくなっていくのを感じた。

「自分の魂が本当に満たされるっていうのは、どういうことなのでしょうか?」

「それはね、 自分が本当に何をしたいのか、何をするためにこの世に生を受けたのかを知ることです。 いくらお金があっても、いい仕事を持っていても、自分の魂を満足させられないと、病気になったり、悪いことを引き起こしたりしてしまいます。 いろいろな辛い経験を踏み、苦しい体験を経てこそ、その中から自分にとっての本当の幸せを学び取るものなのです」
「だから、本当に必要なものを見つけるまで、魂は旅を続けます。 ただじっと待っていても幸せにはなれません。また不必要な物を捨て去ることができなければ、新しく得ることもできません。変化をするときはいつも大変ですが、不必要な物を捨て去る決断を下せない人の魂は決して満たされることがないでしょう」

〜あるハワイアンの言葉より〜

自分の書いた言葉を読み返していたら、ふいに襲ってきたブルー。

記憶が、ウソダ、と叫んでいた。
魂が、モットタダシイコトバヲサガセ、と叫んでいた。

「面倒だなぁ、いいじゃん。 少しくらい」
でも、そうやって、耳をふさぎ始めたら、オレは終わっていくんだろうな…

ロスに入って2日目の夜。
安ホテルのベッドに寝ころんで、汚い天井を見つめているだけのオレ。

世界中の国に「国旗」があるように、
それぞれの人に「人旗」（ジンキ!?）があったらおもしろいのにね。

あなただったら、どんな旗を掲げて生きる？

ATM
WAIST CHAINS
Venice Beach Suites
1305
PARTMENT
FOR
RENT
NISHED SINGLE
0/396-4559
TOE RINGS

BELIEVE YOURトリハダ

鳥肌はウソをつかない。

「要は…」
「今、やるべきことは…」
「結局、一番大事なことは…」
「結局、何がしたいのかっていうと…」
「優先順位をつけるとしたら…」
「シンプルにいえば…」
「絶対に忘れちゃいけないことは…」
なんだか頭が混乱してきたときの、オレの口癖。

毎日いろんなことが起こるけど、
こんな言葉を使って自分の本当の気持ちを確かめながら、
オレは「自分の道」を見失わないようにしている気がする。

すてきな街には、必ず、すてきなカフェがある。
それは、世界共通だったぜ。

ATM
BOOKSTORE
OPEN
SMALL WORLD BOOKS

極北の地、アラスカ。
ここが、今回の世界大冒険の最終地点になる。

何千匹というサーモンの群が、川をのぼり、卵を産み、死んでいくのを見ていた。
母熊が子熊に、命がけで狩りを教えるのを見ていた。
何万年もかけて創られた氷河が、爆音とともに崩れ落ちていくのを見ていた。
朽ち果てた倒木を養分にして、成長していこうとする新しい芽を見ていた。
どこまでもどこまでも続く、人類未踏の荒野を見ていた。
大雨が降り、新しい川が生まれるのを見ていた。

オレは、いつも、「こっそり」見ていた。
オレは、いつも、「だまって」見ていた。

大きなものに出逢い、自分の小ささを痛いほどに感じながら。
大きなものに出逢い、自分の可能性を震えるほどに感じながら。

あらゆる体験を、一時的な「皮膚感覚」で終わらせるか。
日々の中に、静かにかみしめる時間を持ち、「血肉化」しながら生きていくか。
人生は、それによって大きく変わる。

旅の終わりに、そんなことを強く想う。

「ひとりでゆっくり考える時間を持つこと」
それが、 結局は一番の近道なんだよね。

今、自分に起こっている現実は、すべて、「神様の仕組んだカリキュラム」。
現実を「ポジティブ」にとらえるのではなく、
現実を「ネガティブ」にとらえるのでもなく、
ただ、今、自分が学ぶべきことを、きっちりと学んでいけばいいのさ。

どこに向かっているのかなんて、知らない。
ただ、有限である人生の持ち時間の中で、
行けるところまで、自分を成長させ続けたいだけなんだ。

今まで、「世のため、人のため」という言葉を使うのが、なんだかテレくさかった。
（ちょっと、ダサイし、偽善っぽいな、それ）って感じがしてた。
でも、この旅を通して、自分の心の根っこの部分と向き合っていくうちに、
オレは、すこしずつ、自分の本当の気持ちに気づいていった。

そして、今
オレは、心から想う。

世のため、人のためになることをしていきたいな、って。

必要なのは、
勇気ではなく、覚悟。
決めてしまえば、
すべては動き始める。

「きっと、この場面は一生忘れないだろうな…」
サヤカとふたりで、そんな時間をいっぱい分け合えたこと。
それだけで、この旅は、じゅうぶんだったな。

サヤカの求めている「幸せのカタチ」
オレの求めている「幸せのカタチ」

それを伝え合えたこと。
そして、大半の部分を共有できる自信を得られたこと。

それだけで、この旅は、じゅうぶんだったな。

大切なことに気づく場所は、
いつも、パソコンの前ではなく、青空の下だった。

あなたにとって、本当に大切な人は誰ですか?
あなたにとって、本当に大切なことは何ですか?

YOU.
おまえがいるから。

自分の心の声に正直に。

正しく生きるのではなく、
楽しく生きよう。
Wonderful World.

DEAR.WILDCHILD

Words & Photographs by Ayumu Takahashi

Vol.1 "OPEN"

Australia, Antarctica

Vol.2 "REAL"

Indonesia, Singapore, Malaysia, Thailand, India, Nepal

Vol.3 "SIMPLE"

Mongolia, Russia, Finland, Philippines

Vol.4 "BEAUTIFUL"

U.K., Holland, France, Spain, Morocco, Egypt, Israel, Kenya, Mauritius

Vol.5 "HAPPY"

Peru, Chile, Tahiti, Hawaii, Los Angeles, San Francisco, Alaska

>>>Japan

1998.11.23 >>> 2000.7.7

Design by Minoru Takahashi

Published by A-Works

Printed in Japan

"Life is a journey with LOVE & FREE!"

PAGE OF S 「野獣」アユムと共に旅を続ける「美女」サヤカちゃんのページ

南米・北米・太平洋の島々の旅を振り返って…

みんな元気でしたか？
最後の旅になる今回は、いきなり治安の悪い南米のペルーから始まり、チリ、イースター島、タヒチ、ハワイ、ロサンゼルス、アラスカというコースでした。
ペルー、チリでとても疲れた分、タヒチとハワイのきれいな海でリフレッシュして、ラストのアラスカで大自然に溶けたかな、という感じです。

まず、印象に残ってるのは、ペルーのクスコという小さな町で、高山病になってしまったことです。クスコは標高3000メートル以上という凄く高い場所（富士山の山頂くらい）にある町なので、ふたりとも酸素不足でハァ～ハァ～呼吸しているうちに、頭が痛くなり、吐き気がして、とても体調が悪くなりました。部屋でゆっくりし、コカの葉のお茶をガブガブ飲んでいたら1日～2日で治ったけれど、もう標高の高いところは、こりごりです。
それと、モアイ像で有名なイースター島でも、ダニ事件も辛かった。誰もいない道を歩とバイクを走らせて、おいしい空気をたっぷり吸って、気持ちよく眠りについたのですが、寝ている間にダニに背中を50ヶ所以上さされてしまい、さすがにネガティブになってしまいました。やっぱり安すぎる宿も考えものです。
それに比べて、ハワイでの日々は天国のようでした。とっても清潔なコンドミニアム、ベランダで夕陽を眺めながらの食事（もちろん日本食）、1＄でどこにでも行ける便利なバス、本当においしかった「シナボン」のシナモンロール、毎日通ったABCマート、ふたりで散歩した夜の海岸…。気候もよくて、最高に楽しかった。
そして、アラスカに渡り、大自然を満喫して、最後に広大な氷河をふたりで見ながら、長くて短かった旅に、終わりを告げました。
旅の最初の頃は、食べ物、言葉、その他いろいろな環境の違いなど、不安がありましたが、行ってみると、けっこう大丈夫でした。いつでもどこでも寝れる、なんでも食べれるという自分の性格に気づきました。言葉も不安だったけど、ちょっとしたひとことがきっかけで、いい友達を作ることが出来ました。
世界中で見たこと、感じたこと、そして、多くの人との出逢いなどを通して、自分の中で何が変わったかはわかりませんが、「こんな風景もある」「こんな生活もある」「こんな生き方もある」と頭の中の視野がとても広く大きくなったと思います。そして、歩とふたりで旅をしながら、一緒にいろんなことを経験したり、いろんな話をして、以前よりもっともっと歩のことを知ることが出来て、ふたりの間が深くなったと思います。ケンカしたり、疲れたりもしたけど、やっぱりふたり一緒の旅は、とても楽しかった。今、思い返しても、笑っちゃうような思い出ばかりが頭に浮かんできます。
日本に帰ったら、歩は忙しくなって、旅の日々のようにふたりで過ごすゆっくりした時間は少なくなると思うけど、一緒にいても、離れていても、歩の気持ちを理解しながら、私はいつも明るく元気に頑張っていきたいです。

今まで、ワイチャイを読んでくださった読者のみなさん、本当にありがとうございました。
日本のどこかでお会いできるのを、楽しみにしています。
それでは、このへんで。　　　　さやか

EPILOGUE

from Ayumu Takahashi

「あ～、日本だぁ！」
成田空港に降り立ち、迎えに来てくれたサヤカの弟の車の中。
高速を走る車の窓から、「日本」の景色をぼ～っと眺めている。

旅を終えた達成感とか、充実感とか、寂しさとか、そういうものとは違った、なんだか意味不明の感情が胸に溢れていて、当分は言葉に出来そうもない。

これからの予定？
そう、まずはサヤカとふたり、沖縄に新居を探しに行くことにした。「なんか、沖縄に住みたいな」ということで、運良くふたりの気分が一致したので、そうなった。「なぜ沖縄なの？」って聞かれそうだけど、ほんとに、それ以上の理由はない。
新居が決まったら、海沿いの倉庫でも改造してアジトを創って、いよいよ「島プロジェクト」なる作戦をスタートしようと想っている。

さて。ひとつの「旅」が終わり、また、新しい「旅」が始まる。
まぁ、こうして、１冊の本を通して出逢ったのも、きっと、なにかの縁。
これからの、お互いの人生の中で、どこかで、なにか、セッションすることもあるかもしれない。
そんときは、よろしく！

LOVE YOURSELF
SEE-YA!

2000.7.7　高橋 歩

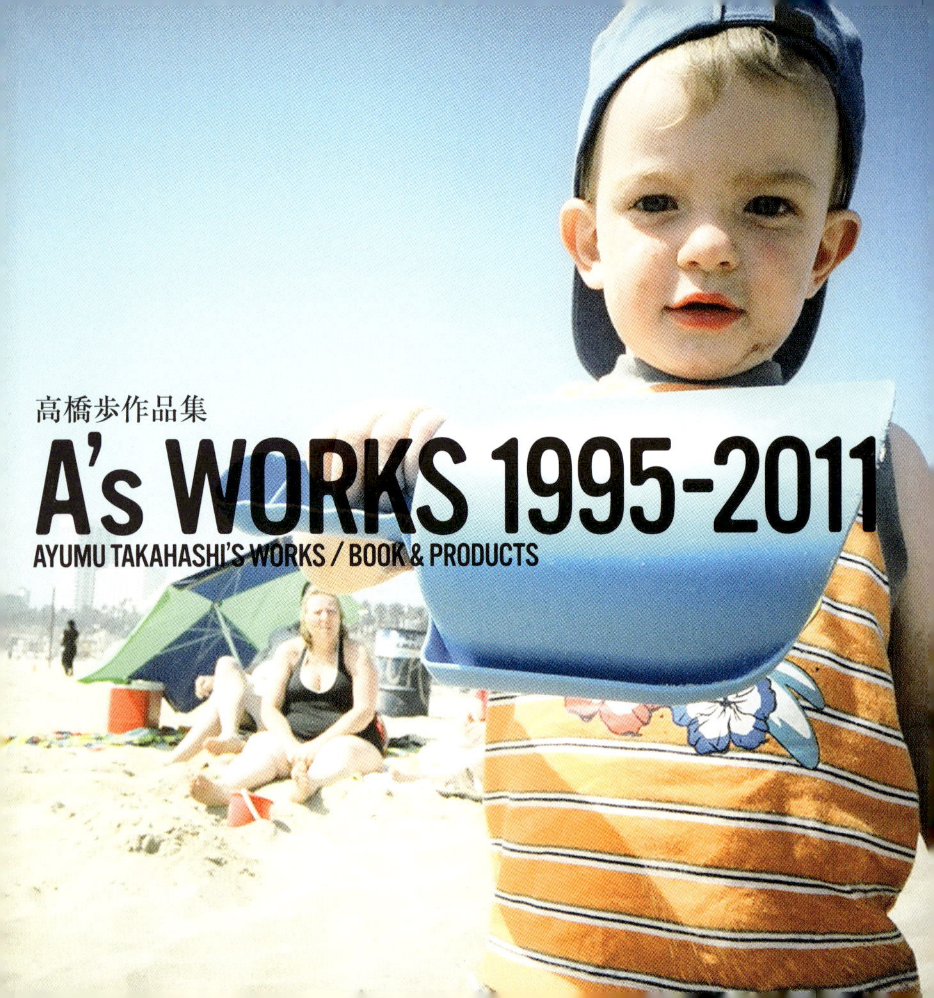
高橋歩作品集
A's WORKS 1995-2011
AYUMU TAKAHASHI'S WORKS / BOOK & PRODUCTS

'95

HEAVEN'S DOOR　著：高橋 歩

発行・発売：サンクチュアリ出版　ISBN978-4-921132-53-8　定価：1260円（税込）

すべてはここから始まった。

高橋歩の処女作。 無一文の大学生だった高橋歩と仲間たちが、「自分の店を出したい!」という夢を追いかけ、借金だらけでアメリカンバー「ROCKWELL'S」をオープンし、2年間で4店舗に広げていくまでの物語を中心に、様々な体験談がまっすぐに綴られたエッセイ集。

'97

毎日が冒険　著：高橋 歩

発行・発売：サンクチュアリ出版　ISBN978-4-921132-07-1　定価：1365円（税込）

夢は逃げない。逃げるのはいつも自分だ。

無一文、未経験&コネなしから、「自分の店」を創り、「自分の出版社」まで創ってしまった冒険野郎・高橋歩25歳のときの自伝。笑って笑ってちょっぴり泣ける、ジェットコースター・エッセイ。

'99

SANCTUARY　著：高橋 歩・磯尾 克行

発行・発売：サンクチュアリ出版　ISBN978-4-921132-04-0　定価：1260円（税込）

夢を叶える旅に出ろ!

自分の自伝を出版するために、無一文から、仲間と共に平均年齢20歳の史上最年少出版社を立ち上げ、出版界に旋風を巻き起こした高橋歩、サンクチュアリ出版での3年間の軌跡。

'01

LOVE&FREE　文／写真：高橋 歩

発行・発売：サンクチュアリ出版　ISBN978-4-921132-05-7　定価：1365円（税込）

放浪しちゃえば?

「ドラゴンボール7つ揃ったら何したい?」「あゆむと世界一周かな?」。そんな妻との何気ない会話から始まった、高橋歩の「世界一周」という夢。妻とふたり、南極から北極まで気の向くままに数十カ国を旅して歩いた、約2年間の世界一周冒険旅行の記録。

'03
Adventure Life　著：高橋 歩
発行・発売：A-Works　ISBN978-4-902256-00-0　定価：1470円(税込)

愛する人と、自由な人生を。

30歳になった高橋歩の心の真ん中にあったのは「愛する人と、自由な人生を」という想いだった。"夢"と"冒険"に生きる自由人・高橋歩が、20代の集大成として綴った、10年間のライフストーリー&言葉集。

'03
人生の地図　編著：高橋 歩
発行・発売：A-Works　ISBN978-4-902256-01-7　定価：1470円(税込)

人生は旅だ。自分だけの地図を描こう。

たった1度の人生。限られた時間の中で、自由に、自分の好きなように、人生という名の旅を楽しむために･･･。「自分を知る」ということをテーマに、インスピレーション溢れる言葉と写真を詰め込んだ、高橋歩、渾身の作品。

'05
WORLD JOURNEY　編著：高橋 歩
発行・発売：A-Works　ISBN978-4-902256-04-8　定価：1470円(税込)

世界一周しちゃえば？

高橋歩の経験をベースに、多くの世界一周経験者や旅のスペシャリストの協力を得て創られた世界一周放浪ガイド。読んで楽しめる&旅先で超ツカえる、旅のバイブル。

'06
LOVE&FREE NY Edition　文／写真：高橋 歩
発行・発売：サンクチュアリ出版　ISBN978-4-86113-916-1　定価：2625円(税込)

放浪しちゃえば？

「ニューヨークでも出版社創っちゃおう！」ということで始まった海外出版の第一弾、『LOVE&FREE』バイリンガルバージョン。高橋歩が世界中で取りおろした写真を新たに加え、新しくデザインし直し、アート本として生まれ変わった1冊。

'06

イツモ。イツマデモ。　著：高橋 歩

発行・発売：A-Works　ISBN978-4-902256-06-2　定価：1470円（税込）

大切な人の存在が、人生という名の旅を、もっと自由にする。

高橋歩の真ん中に常に溢れている想い、それは身近な妻や家族や仲間へのLOVEだった。
「大切な人を、大切に」。そんなシンプルなメッセージを短い文章と写真で表現した作品。

'06

自由への扉　著：高橋 歩

発行・発売：A-Works　ISBN978-4-902256-07-9　定価：1470円（税込）

僕らは、自由に生きるために生まれてきた。

この世界は素晴らしい。生きるって素晴らしい。そんな想いを込めて。
高橋歩が、自身の『自由への扉』を開くきっかけとなった様々な作品を交えながら綴った、
人生という名の旅を楽しむための言葉&写真集。

'08

愛しあおう。旅にでよう。　著：高橋 歩

発行・発売：A-Works　ISBN978-4-902256-13-0　定価：1470円（税込）

飛び出すように、ひとり旅に出た。

さまざまな人々と出逢い、飲み、語りながら。
ときには、ひとりで、風に吹かれ、空を見上げながら。
旅をしながら刻んだ言葉と写真を綴った、愛と自由の旅ノート。

'09

ISLAND STORY ～終わらない夏の物語～　著：高橋 歩

発行・発売：A-Works　ISBN978-4-902256-17-8　定価：1470円（税込）

沖縄で、史上最強の楽園を創っちゃうか？

無一文&未経験から、仲間たちと共に、伝説の自給自足ビレッジを創った――
世界放浪の末に辿り着いた場所。
沖縄で過ごした８年間のストーリー。

'09

FREEDOM　著：高橋 歩

発行・発売：A-Works　ISBN978-4-902256-24-6　定価：1470円(税込)

自由であるために。自分であるために。

夢と冒険に生きる自由人・高橋歩が書き殴った、
21世紀のトムソーヤたちに捧ぐ、人生を変える115の言葉。
高橋歩初のベスト言葉集!

'10

地球を遊ぼう! DREAM TRIP GUIDE　編集：A-Works

発行・発売：A-Works　ISBN978-4-902256-27-7　定価：1575円(税込)

夢の旅に本当に行けちゃう! 究極の旅ガイドが誕生。

大自然アドベンチャーから、衝撃フェスティバルまで、自由人・高橋歩を始め、旅のプロや現地ガイド
たちのナマ情報を集めて作られた、地球を遊びつくすための完全ガイド!
地球は僕らの遊び場だ。さぁ、どこで遊ぼうか?

'10

7日間で人生を変える旅 7DAYS TRIP GUIDE　編集：A-Works

発行・発売：A-Works　ISBN978-4-902256-29-1　定価：1575円(税込)

脳みそがスパークする、極上の地球旅行26選。

限られた休日でも行けちゃう!
予算から交通手段、スケジュールまで、リアルでつかえる情報満載の旅ガイド!
この旅をきっかけに、人生が変わる。きっと、新しい何かに出逢える。

'10

いつもココロに青空を。青空はつながっている。　文／写真：高橋 歩

発行・発売：A-Works　ISBN978-4-902256-30-7　定価：1470円(税込)

キャンピングカーで、世界を放浪する旅人、高橋歩。
愛と自由を求めるすべての人に贈る、まっすぐな言葉&写真集。

キャンピングカーに乗り、世界中の路上を走り、歩き回りながら、
感じたこと、撮った写真を集めて創った、高橋歩の真骨頂・旅本!

'11

DON'T STOP! 監修：PLAY EARTH　文：高橋 歩

発行・発売：A-Works ISBN978-4-902256-33-8 定価：1470円(税込)

人生は止まったら終わりだ。

車椅子に乗る不良オヤジと、ハチャメチャ家族と、アホな仲間たち…
キャンピングカーとハーレーに乗って、アメリカ大陸横断の旅へ。

A's PRODUCTS

DVD & POSTCARD BOOK

DVDとポストカードシリーズは「通信販売限定商品」です。

>>> ON LINE MARKET "ART BEAT" www.artbeat.jp

'05 PRODUCTS

高橋歩 ポストカードシリーズ　文／写真：高橋 歩

制作：A-Works　定価：各1800円(税込)　特製BOX & アクリルケース付き　通信販売限定

高橋歩の世界観が、ポストカードになって登場。16枚のメッセージ入りポストカードと、3種類のステッカーを、特製のポストカードホルダー&ボックスに入れてお届けします。

series シリーズ

01 SANCTUARY　02 LOVE&FREE　03 ADVENTURE LIFE　04 THE LIFE MAP

'06 PRODUCTS

LOVE&FREE / DVD　高橋 歩 & 高橋 清佳

制作：A-Works　Music：Caravan　価格：3990円(税込)　MOVIE 本編(53min.)　通信販売限定

LOVE&FREE溢れる、世界中の映像や音を詰め込んだ、高橋歩の初DVD作品。本編をはじめ、高橋歩のコメント入りバージョンや特別インタビュー映像を収録。その他特典も多数。ミュージシャン『Caravan』が全編音楽を担当。

Dear.

WILD CHILD

Words & Photographs by Ayumu Takahashi

文／写真　高橋歩

DEAR. WILD CHILD Volume:1-5

本書は1999年から2000年にかけて刊行され、通信販売限定で発売、
完売していた『DEAR.WILDCHILD』（全５巻）を、新たに編集・デザインし、１冊にまとめたものです。

DEAR. WILD CHILD

2011年4月28日　初版発行

文・写真　高橋歩

デザイン　高橋実
編集・制作　滝本洋平
A-Works Staff　二瓶明・小海もも子・伊知地亮・多賀秀行

発行者　高橋歩

発行・発売　株式会社 A-Works
東京都世田谷区北沢 2-33-5 下北沢 TKS ビル 3 階　〒155-0031
TEL : 03-6683-8463　FAX : 03-6683-8466
URL : http://www.a-works.gr.jp/　E-MAIL : info@a-works.gr.jp

営業　株式会社サンクチュアリ・パブリッシング
東京都渋谷区千駄ヶ谷 2-38-1　〒151-0051
TEL : 03-5775-5192　FAX : 03-5775-5193

印刷・製本　大日本印刷株式会社

ISBN978-4-902256-35-2

引用参考文献
灰谷健次郎『ひとりぼっちの動物園』あかね文庫 1987年
『エスクァイア日本版（1993年9月）』エスクァイアマガジンジャパン